www.ingramcontent.com/pod-product-compliance
Lightning Source LLC
LaVergne TN
LVHW020451070526
838199LV00063B/4910
9789358721850

ناگپور کے ممتاز اہلِ علم

(خاکے)

[شعری و ادبی مجلّہ 'زر نگار' سے ماخوذ]

مرتب:

مسلم لائبریری ناگپور

© Muslim Library Nagpur
Nagpur ke mumtaz Ahl-e-Ilm (Khaake)
by: Muslim Library Nagpur
Edition: February '2024
Publisher :
Taemeer Publications LLC (Michigan, USA / Hyderabad, India)

ISBN 978-93-5872-185-0
9 789358 721850

مصنف یاناشر کی پیشگی اجازت کے بغیر اس کتاب کا کوئی بھی حصہ کسی بھی شکل میں بشمول ویب سائٹ پر اَپ لوڈنگ کے لیے استعمال نہ کیا جائے۔ نیز اس کتاب پر کسی بھی قسم کے تنازع کو نمٹانے کا اختیار صرف حیدرآباد (تلنگانہ) کی عدلیہ کو ہو گا۔

© مسلم لائبریری ناگپور

کتاب	:	**ناگپور کے ممتاز اہلِ علم** (خاکے)
مرتبہ	:	**مسلم لائبریری ناگپور**
صنف	:	غیر افسانوی ادب
ناشر	:	تعمیر پبلی کیشنز (حیدرآباد، انڈیا)
سالِ اشاعت	:	۲۰۲۴ء
صفحات	:	۱۱۰
سرورق ڈیزائن	:	تعمیر ویب ڈیزائن

فہرست

	تعارف	مشتاق احسن	6
(۱)	ناطقؔ گلاوٹھوی	محمّد سکندر حیات	10
(۲)	نواب غازی آف گیوردھا، شخصیت اور شاعری	کلیم احمد	15
(۳)	حضرت آذر سیمابی: شخصیت اور فن	خواجہ ربّانی	21
(۴)	طرفہؔ قریشی	شاکر حسین عبّاسی	26
(۵)	حمیدؔ ناگپوری	محمد سکندر حیات	36
(۶)	حافظ محمد ولایت اللہ حافظ	محمد اظہر حیات	40
(۷)	شاطرؔ حکیمی۔تو نہ ہوتا تو زندگی کیا تھی	خلیل انجمؔ کامٹی	49
(۸)	شاکر اورنگ آبادی کی ادبی خدمات	شاکر حسین عبّاسی	58
(۹)	حضرت حکیم شیخ محبوب واقفؔ برہانپوری (مرحوم)	عبدالجبّار سحرؔ ناگپوری	63
(۱۰)	شاعر ہمہ صفات۔حضرت جلیل سازؔ	ڈاکٹر محمد اظہر حیات	67
(۱۱)	حضرت پیر غلام سالم ناگپوری کے شعری محاسن	وکیل نجیب	74
(۱۲)	شاہدؔ کبیر اور ان کا شعری اسلوب	محمد سکندر حیات	82
(۱۳)	موجودہ عہد کا نوحہ گر۔میکشؔ ناگپوری	ڈاکٹر محمّد اظہر حیات	90
(۱۴)	عبدالحفیظ پاگل۔نام کے پاگل	ڈاکٹر محمد اظہر حیات	98
(۱۵)	وسط ہند کے اکبر ثانی: غزل کے مزاج داں۔نظیر احمد نظیر	ڈاکٹر محمد اظہر حیات	105

تعارف

'صدر مسلم لائبریری'ناگپور شہر کے ایک ایسے علاقہ میں واقع ہے جہاں بیشتر علمی درس گاہیں تشنگانِ علم و فن کی پیاس بجھا رہی ہیں۔ اسی جگہ پر ۱۹۲۲ء میں شہر کے باشعور و حساس لوگوں بالخصوص اردو ادب سے دلچسپی رکھنے والے جیالوں نے صدر مسلم لائبریری کی بنیاد ڈالی۔ یہ ادارہ وقت کے ساتھ ساتھ ترقی کرتا گیا اور آج الحمد للہ ایک بہترین عمارت کے ساتھ علمی، ادبی، سماجی، ثقافتی اور مختلف موضوعات پر کتابوں کا ایک عمدہ ذخیرہ اس لائبریری میں موجود ہے۔ جس سے تشنگانِ علم و فن بلا تفریق مذہب و ملّت فائدہ اٹھا رہے ہیں۔ فی الوقت اس کے تاحیات اراکین کی تعداد ۵۵ اور عام ممبران کی تعداد بھی سینکڑوں پر مشتمل ہے۔ ادارہ ہٰذا کو ہمیشہ سے ہی اچھے لوگوں کا تعاون حاصل رہا ہے۔ جنہوں نے بڑھ چڑھ کر اپنی خدمات پیش کیں۔ اس وقت بھی مخلص، تعلیم یافتہ اور دور اندیش افراد کی قیادت میں یہ ادارہ دن دونی رات چوگنی ترقی کر رہا ہے۔

راقم الحروف کا بھی اس ادارہ سے پرانا تعلق ہے۔ میں اس کا لائف ممبر ہوں۔ آج سے تقریباً ۲۷ ماہ قبل یعنی دسمبر ۲۰۰۵ء میں صدر مسلم لائبریری کے سکریٹری عالی جناب حامد بن خالد قریشی صاحب جو میرے اچھے دوست بھی ہیں، لائبریری کے تعلق سے تفصیلی گفتگو کی اور خیال ظاہر کیا کہ لائبریری ایک اچھے مقام پر واقع ہے۔ الحمد للہ تمام سہولتیں یہاں موجود ہیں۔ نشستوں کا معقول انتظام ہے۔ کیوں نہ یہاں شعری، ادبی

، سماجی ، ثقافتی سرگرمیاں بھی جاری کی جائیں اور قوم کے افراد اس سے فائدہ اٹھائیں۔ چونکہ وہ میرے مزاج سے واقف ہیں لہٰذا انہوں نے یہ درخواست کی کہ میں شعری و ادبی پروگراموں کی ذمہ داری لوں۔ اور اس منصوبے کو جلد از جلد عملی جامہ پہناؤں۔

مجھے اور ایوب صاحب کو یہ ذمہ داری سونپی گئی کہ ہم ہر مہینے کے چوتھے سنیچر کی شب ایک شعری نشست منعقد کریں۔ جس میں ہر مہینے شہر کے منتخب شعرائے کرام اپنے کلام سے سامعین کو محظوظ فرمائیں۔ لہٰذا پہلی ماہانہ شعری نشست بروز سنیچر ۳۱/ دسمبر ۲۰۰۵ء کو منعقد کی گئی۔ جس کی صدارت عالیجناب ڈاکٹر پروفیسر منشاء الرحمان خاں منشاؔ صاحب نے فرمائی۔ دیکھتے دیکھتے یہ سلسلہ چل نکلا۔ کچھ لوگوں نے اس کی درازیِ عمر کی دعائیں دیں اور کچھ نے چند مہینوں میں اس کے ختم ہو جانے کی وعیدیں سنائیں۔ بہر حال لائبریری کے عہدیداران و اراکین اور عملے کا بھرپور تعاون، ناگپور و اطراف کے شعراء و ادباء اور اہلِ ذوق سامعین کی لگاتار شرکت نے اس شعری محفل کو ہر مہینہ کامیابی سے ہمکنار کیا۔ جناب کلیم احمد اور ڈاکٹر خواجہ غلام ربّانی صاحبان نے بھی وقتاً فوقتاً اپنی نظامت سے ان محفلوں کو کامیاب بنایا ہے۔ غرضیکہ شہر کے اکثر اہل علم، اہل فن، دانشور اور باذوق حضرات کا ہمیں تعاون حاصل رہا جس کی بناء پر ہم اپنے کارواں کو پچیسویں منزل تک لانے میں کامیاب ہو سکے۔

چار پانچ نشستوں کے بعد سے ہی اس میں ہم نے تبدیلیاں کیں۔ ہر تیسری نشست کو طرحی نشست کی شکل دی جس سے یہ فائدہ ہوا کہ نہ صرف ناگپور و کامٹی میں ایک

صحت مند شعری ماحول پیدا ہوا بلکہ نئے لکھنے والوں کو بھی ترغیب ملی۔ اور اس طرح کئی نئے شعراء متعارف ہوئے اور پرانے شعراء کا تازہ کلام سننے کو ملا۔ ساتھ ہی ساتھ ناگپور و کامٹی کے مرحوم شعراء کو خراجِ عقیدت پیش کرنے اور ان پر تعارفی مضامین کا مفید سلسلہ بھی شروع کیا گیا۔ اسے بھی حاضرین نے بیحد پسند کیا۔

اور اس طرح کئی نامور مرحوم شعراء پر وقیع مقالے لکھوائے گئے اور ان کی تحریر کردہ نعتیں بہترین آواز میں پڑھوا کر ان کی یاد تازہ کی گئی۔ اس سے ایک فائدہ یہ بھی ہوا کہ شہر کے اچھے لکھنے والوں نے اپنے قلم کو جنبش دی اور صفحۂ قرطاس پر علاقے کے شعراء کے حالاتِ زندگی، ان کی شاعری اور ان کے فن کو محفوظ کر دیا جو انشاء اللہ آنے والی نسلوں کے لئے مشعلِ راہ ثابت ہو گی۔

ہم نے ہر نشست میں ہمیشہ یہ اعلان کیا کہ شعراء کرام اپنا کلام اور مقالہ نگار اپنے مقالے جمع کروائیں تاکہ انہیں کتابی شکل میں محفوظ کیا جا سکے۔ جن حضرات نے اس ضمن میں تعاون کیا ان کا کلام اور مقالے آج آپ کے سامنے ہیں۔

میں دل کی گہرائیوں کے ساتھ شکریہ ادا کرنا چاہتا ہوں صدر مسلم لائبریری کے تمام عہدیدار و اراکین کا، ان تمام شعراء کرام و مقالہ نگار حضرات کا جن کی تخلیقات اس میں شائع ہوئیں اور جن کی شرکت نے ہماری محفلوں کو کامیاب بنایا۔ ان تمام معزز سامعین حضرات کا بیحد ممنون و مشکور ہوں جن کے بغیر ہماری محفلیں کامیاب نہیں ہو سکتی تھیں۔ اگر کسی کا ذکر یہاں رہ گیا ہو تو اسے بشری غلطی پر محمول کیا جائے۔

جنوری ۱۹۷۵ء میں صدر مسلم لائبریری کی گولڈن جوبلی کے موقعہ پر ایک شاندار مجلّہ ترتیب دیا گیا تھا۔ جسکا نام " زر نگار " تھا۔ ہم نے بھی اس موقعہ پر اسی نام کو اختیار کیا۔ گویا یہ تجدید عہد ہے کہ آئندہ بھی ہم اسی نام سے شعراءوادباء کی تحریریں آپ تک پہنچائیں گے۔ مجلّہ آپ کے ہاتھوں میں ہے۔ ہم اپنی کوششوں میں کتنے کامیاب ہیں یہ تو آپ ہی بتا سکتے ہیں۔

بس ایک درخواست ہے کہ ۔

دعا کرو مری خوشبو پہ تبصرہ نہ کرو

مشتاق احسنؔ

ناگپور

مورخہ ۲۴/ فروری ۲۰۰۸ء

(۱) ناطق گلاوٹھوی

محمّد سکندر حیات

(یہ مقالہ چھٹی ماہانہ شعری نشست مورخہ ۲۷/ مئی ۲۰۰۷ء کو پڑھا گیا)

قابلِ مبارک باد ہیں صدر مسلم لائبریری کے عہدیداران وارا کین کہ انھوں نے ماہانہ شعری نشستوں کے سلسلہ کو استواریت کے ساتھ جاری رکھا ہے۔ جو نہایت کامیابی سے رواں دواں ہے۔ ان شعری نشستوں کا مقصد جہاں عصری رجحانات سے روشناس ہونا ہے وہیں ہی مقصد بھی زیرِ نظر ہے کہ ہم ناگپور کے مرحوم اساتذہ کو بھی یاد کریں اور ان کے شعری رسالوں سے استفادہ حاصل کریں۔

معزّز سامعین!

جہاں شہر ناگپور سنتروں کے منفرد ذائقہ کے لیے جانا جاتا ہے وہیں دو اور شخصیتیں اس شہر کے لئے باعثِ عزّ و شرف ہیں۔ اوّل حضرت بابا تاج الدّینؒ اور مولٰینا ابوالحسن ناطقؔ گلاوٹھوی ، دونوں ہی بزرگ قابل تعظیم ہیں۔ ایک صوفی ، کیفیتِ جذبات سے سرشار، دوسرے عالمِ دین اور اردو شاعری کے علمبردار، دونوں ہی حضرات کا جائے پیدائش ناگپور سے قریب شہر کامٹی ہے۔ اور دونوں ہی بزرگ شخصیتیں ناگپور میں سپرد خاک ہیں۔

مرحوم نیاز فتحپوری اردو کے مستند نقّاد میں شمار کئے جاتے ہیں۔ اپنے رسالہ نگار ۱۹۴۱ء کے مشاہیر نمبر میں مولٰینا ناطقؔ سے متعلق رقمطراز ہیں کہ ناطقؔ گلاوٹھوی تغزل کے دیرینہ گفتار ہیں۔ اور باوصف کسی خاص اسکول کے پابند نہ ہونے سے ان کا اندازِ بیان

ہمیں اساتذہ دہلی کی یاد دلاتا ہے۔ یہ معاملاتِ حسن و عشق کو اُسی زبان میں ادا کرتے ہیں جو تغزل کے لحاظ سے معیاری سمجھی جاتی ہے۔ اور بعض اوقات یہ اپنے خیال کو ایسے پہلو سے پیش کرتے ہیں کہ سننے والا دفعتاً چونک پڑتا ہے۔ انکے کلام میں ایک خاص تیکھا پن پایا جاتا ہے جو پرانی بات میں بھی نئی کیفیت پیدا کر دیتا ہے۔ سلاست و روانی جو تغزّل کی جان ہے انکے کلام میں ہر جگہ پائی جاتی ہے۔

مولیٰنا خود اپنی شعر گوئی کے متعلق فرماتے ہیں۔

شعر گوئی نئے انداز کی، تجدیدِ خیال
دیکھنا چاہے تو ناطقؔ مرا دیوان اٹھا

حضراتِ گرامی! پیرِ مغاں، خمخانۂ سخن، فخر المتاخّرین، استاذ الاساتذہ حضرت مولیٰنا ناطقؔ گلاوٹھوی کو ان القاب کے لئے ذاتی طور پر تگ و دو نہیں کرنی پڑی۔ اور نہ ہی یہ القاب کسی مال و ثروت سے حاصل ہوئے ہیں۔ اس کے علاوہ بھی آپ کو کئی خطابات ملک کی مختلف انجمنوں کی طرف سے ملے مگر آپ نے خود ان القاب و خطابات کو اپنے نام کے ساتھ نہ کبھی استعمال کیا اور نہ دوسرے صاحبان کے استعمال پر پسندیدگی کا اظہار فرمایا۔

۱۹۴۰ء کو لکھنؤ میں ایک عظیم الشان کل ہند طرحی مشاعرہ ہوا۔ صدرِ مشاعرہ آنجہانی سر تیج بہادر سپرو تھے۔ اُسی مشاعرے میں مولیٰنا مرحوم کے علاوہ اس زمانے کے بعض نامور اساتذہ اور مشہور مترنّم شعراء شریک تھے۔ مولیٰنا کی غزل مشاعرہ میں بہت پسند کی گئی۔ سر تیج بہادر سپرو نے آپکی غزل پر تبصرہ کرتے ہوئے وہاں آپ کو استاذ الاساتذہ کے گرانقدر الفاظ سے خطاب کیا۔ اسی دن سے لوگ آپ کو استاذ الاساتذہ لکھنے لگے۔ اسی طریقہ سے جلوۂ یار میرٹھ نے پیر مغاں خمخانۂ سخن اور فخر المتاخرین کا خطاب لکھنؤ کے مشہور ادبی ادارہ انجمن فردوسِ ادب نے ۱۹۳۰ء میں دیا۔

جلوۂ یار میرٹھ کی بات آئی تو یاد آیا کہ مولٰینا کی غزلیں اس رسالہ میں شائع ہوتی تھیں۔ میرے جدّ امجد حضرت منشی ولی اللہ مرحوم و مغفور کی فارسی غزلیں بھی اسی رسالہ میں شائع ہوتی تھیں۔ یہ دونوں حضرات اس وقت ایک ہی محلہ میں رہتے تھے۔ چنانچہ ان میں گہری ادبی دوستی بھی تھی۔ ادبی نشستیں جو محلہ جونا جیل خانہ کی رہائش پر ہوئیں مولٰینا اس میں شرکت کرتے۔ منشی ولی اللہ مرحوم کے انتقال کے بعد بھی ہمارے گھر سے مولٰینا کا دیرینہ تعلق رہا۔ والد محترم جناب سعید حیات ایڈوکیٹ مرحوم سے ملنے اکثر و بیشتر گھر تشریف لاتے۔ میرا بچپن تھا۔ کبھی کبھی مجھ سے فرمائش ہوتی کہ غالبؔ کی غزل سناؤں اور میں شروع ہو جاتا۔ ''دل ہی تو ہے نہ سنگ و خشت، درد سے بھر نہ آئے کیوں''

مولٰینا بہت خوش ہوتے۔ مولٰینا ۱۸۸۶ء میں پیدا ہوئے اور ٹھیک ۳۷/ سال پہلے یعنی ۲۷/ مئی ۱۹۶۹ء کی شب اس دارِ فانی سے کوچ کر گئے۔ ۸۳/ سال کی عمر پائی۔ جن حضرات کو آپکی زود گوئی اور قادرالکلامی کا علم ہے وہ جانتے ہیں کہ اس مکثِ طویل میں آپ نے کس قدر کلام کہا۔ اگر یہ تمام کلام محفوظ ہوتا تو موجودہ دیوانِ ناطقؔ سے دس گنا ضخیم ہوتا جو اردو ادب میں ایک بیش بہا اضافہ ہوتا اور ہزاروں تشنگانِ ادب کیلئے استفادہ کا باعث ہوتا۔ مگر یہ اردو شاعری کا زبردست المیہ ہے کہ مولٰینا کا کلام کئی وجوہات کی بناء پر محفوظ نہیں رہا۔ بڑی محنت و جانفشانی سے مولٰینا کے معتقد اور عزیز بابو عبدالحلیم صاحب نے مولٰینا کی غزلوں کو مرتّب کیا۔ ۲۷۳ غزلیں شاملِ دیوان کیں اور مولٰینا کے انتقال کے بعد زیورِ طباعت سے آراستہ کیا۔ اردو والوں پر یہ انکا خاموش احسان ہے۔

ابتدائی تعلیم کامٹی میں آپ کے نجی مکان میں ہوئی جہاں عربی، اردو، فارسی کی تعلیم حاصل کی۔ ۱۹۰۰ء میں مولٰینا دیوبند حصولِ علم کے لئے تشریف لے گئے۔ وہیں مولٰینا نے سید معشوق حسین اطہر ہاپوڑی کی تحریک پر شاعری شروع کی۔ اس زمانہ میں

دیو بند میں انسان کے لئے بلبلۂ معقول حیوانِ ناطق کی اصطلاح عام تھی۔ جب آپ کو تخلص کی فکر ہوئی تو لفظ ناطق آپ کو مناسب لگا چنانچہ آپ نے یہی تخلص کو لیا۔

مرزا داغؔ دہلوی کے کلام سے آپ بہت متاثّر تھے۔ داغؔ دہلوی کے مجموعوں میں آفتابِ داغ کا عمیق مطالعہ فرمایا۔ اس زمانہ میں آپ کو یہ دیوان حفظ ہو گیا تھا۔ ۱۹۰۴ء میں اپنے والد محترم کے مشورہ سے بذریعۂ خط و کتابت داغؔ دہلوی کے حلقۂ تلامذہ میں داخل ہو گئے۔ لیکن ایک سال بعد ہی حضرت داغؔ بھی داغِ مفارقت دے گئے۔ اسکے بعد پھر آپ نے کسی کو کلام نہیں دکھایا۔ ہمیشہ اپنے کلام پر خود ہی اصلاح کی نظر کی۔ آپ نے تقریباً تمام اصنافِ سخن میں طبع آزمائی کی۔ لیکن نظم نگاری اور غزل مرغوب طبع رہی۔ آپکے شعر پڑھنے کا انداز بڑا دلکش اور موثّر ہوتا تھا۔ حالانکہ تحت اللفظ پڑھتے۔ با محاورہ زبان اور کسے ہوئے مصرعے اور اپنی بارعب اور پُر کشش شخصیت کی وجہ سے مشاعروں میں چھاجاتے تھے۔ کیا مجال کہ سامعین سے کوئی چوں چرا اں کی آواز آئے۔

آپکے شاگرد برِّ صغیر ہند و پاک میں پھیلے ہوئے ہیں۔ کچھ معروف شاگردوں کے اسمائے گرامی یہ ہیں۔ سید امیر حسن امیرؔ گلاؤٹھوی۔ مولٰینا عبدالباری آسیؔ۔ مولٰینا غضنفر حسین شاکرؔ نائطی۔ ڈاکٹر ممتاز احمد خان خوشترؔ کھنڈوی۔ مرزا ظفر حسین ظفرؔ ناگپوری۔ مولوی جلیل جلیلؔ مانکپوری۔ تصوّرؔ سورتی۔ قدیم شاگردوں میں کامٹی کے منشی ابو بکر صاحب مشہور ہیں۔ انکے علاوہ بھی ایک لمبی فہرست ہے آپ کے شاگردوں کی۔ جنہوں نے اپنے شعری سرمایہ سے اردو ادب میں ایک مقام بنایا۔

مولٰینا ایک ہمہ جہت شخصیت کے مالک تھے۔ جہاں وہ ایک مستند شاعر کی حیثیت سے معروف و مقبول تھے۔ وہیں وہ مستند عالم دین بھی تھے۔ کامیاب صحافی بھی تھے۔ سیاست سے بھی لگاؤ تھا۔ کانگریس کے حامی تھے۔ ناگپور میونسپل کمیٹی کے

۱۹۲۱ءسے 1950ء تک ممبر رہے۔ مرکزی حکومت کی لیجسلیٹیو اسمبلی میں بحیثیت رکن ریاستِ متوسط برار کی نمائندگی کی۔ میونسپل کونسل ناگپور میں علاقہ سیتابلڈی سے الیکشن جیت کر اس علاقہ کی نمائندگی کی۔

آپکی تصانیف میں دیوانِ ناطقؔ۔ کنزالمطالب جو شرحِ دیوانِ غالبؔ ہے اور سبع سیارہ کو کافی مقبولیت حاصل ہوئی۔ آخر وقتوں میں مختلف عوارض نے گھیر لیا۔ لیکن تا دمِ آخر صوم وصلوٰۃ کے پابند رہے۔ ۲۷/ مئی ۱۹۶۹ء کو آپکی روح قفسِ عنصری سے پرواز کر گئی۔ آپکی قیام گاہ محلہ لشکری باغ سے جنازہ اٹھا۔ مسلم قبرستان مومن پورہ میں سپردِ خاک کئے گئے۔ جنازہ میں کثیر تعداد میں لوگ شریک ہوئے۔ بلا لحاظ مذہب و ملّت، عقیدہ و مسلک جو اس بات کی طرف اشارہ کرتا ہے کہ وہ مقبولِ عام تھے۔ اور آپکی عظمت کے سب معترف۔

روتے ہیں وہ ناطقؔ کیلئے بیٹھ کے پہروں
جو لوگ ابھی زندہ ہیں اسے دیکھنے والے

(۲) نواب غازی آف گیوردھا، شخصیت اور شاعری

کلیم احمد

(یہ مقالہ ۱۶/ ویں ماہانہ شعری نشست مورخہ ۲۱/ اپریل ۲۰۰۷ء کو پڑھا گیا)

محمد عبدالوحید غازی، نواب آف گیوردھا اسٹیٹ ضلع چاندہ، ۳۱/ اکتوبر ۱۹۰۷ء کو گیوردھا میں پیدا ہوئے۔ ابھی وہ زندگی کے چار سال بھی مکمل نہ کر پائے تھے کہ ۱۹/ جنوری ۱۹۱۱ء کو ان کے والد نواب زین الدّین کا انتقال ہوگیا۔ یوں نواب غازی کم سنی میں ہی تمام جائیداد و املاک کے وارث ہوگئے۔ چونکہ ان کی عمر بہت کم تھی لٰہذا حکومت نے تمام انتظامات اپنے ذمّہ لے لیے۔ حکومت کی نگرانی میں رئیس زادوں کی طرح ان کی تعلیم و تربیت ہوئی۔ مختلف استادوں سے متعدّد زبانیں اور متعدّد علوم سیکھنے کا موقع ملا۔ جسکا فائدہ اٹھاکر انھوں نے اردو، فارسی، عربی اور انگریزی پر مکمل عبور حاصل کیا۔ ساتھ ہی گونڈی، ہندی اور مراٹھی سے بھی قدرے واقفیت حاصل کی۔

ان کے متعدد استادوں میں ایک عبدالحمید خان زیبا کوٹی بھی تھے۔ جو اپنے وقت کے ایک بلند پایہ شاعر تھے۔ نواب صاحب نے انہی سے شاعری کا فن سیکھا اور اس فن میں بہت جلد وہ مقام حاصل کیا کہ ۲۰/ برس کی عمر میں صوبۂ متوسّط و برار میں پوری طرح مشہور ہوگئے۔ حالِ ادب، خلاّقِ معنی، نکتہ سنج اور عکّاسِ فطرت کہلانے والے علم و فضل کے مثال پیکر نواب غازی ۳۰/ سال کی عمر میں ۱۹۳۷ء میں کامٹی آئے۔ اور پھر ۱۹۵۸ء میں باغ منزل ناگپور میں سکونت اختیار کی۔ مطالعۂ کتب ان کا محبوب ترین مشغلہ تھا۔ بلا شبہ وہ ادبی دنیا کی ایک ممتاز اور پر وقار شخصیت تھے۔ اعلٰی خاندان کے چشم و

چراغ، مختلف زبانوں کے عالم، اردو شاعری کے بہترین ورثے کے محافظ، باوقار اور ذی وجاہت بزرگ۔ گیوردھا اسٹیٹ کے مالک مگر اتنا کچھ ہونے پر بھی زمیندارانہ غرور اور تمکنت نے انھیں چھوا بھی نہیں۔

نواب صاحب نے ہندوستان کے بڑے بڑے شہروں میں ہونے والے کل ہند مشاعروں کی صدارت کی۔ مقامی اخبارات ورسائل کی سرپرستی اور مالی اعانت کی۔ ان کا کلام ملک کی مختلف جرائد و رسائل میں امتیازی حیثیت سے شائع ہوا۔ مگر افسوس صد افسوس کہ ان کا دیوان زیورِ طبع سے آراستہ نہ ہو سکا۔ ان کی ابتدائی غزلوں اور نظموں پر مشتمل ۱۰۴ / صفحات کا ایک مختصر سا مجموعہ 'گلستانِ معرفت، کے نام سے ۱۹۳۲ء میں دہلی سے شائع ہوا۔ اس کے علاوہ ان کی چند حقیقت افروز اردو نظموں پر مشتمل ۱۸ / صفحات کا ایک کتابچہ " تلخیات " کے نام سے کامٹی سے چھپا۔ علاوہ ازیں اور کئی کتابچے اردو، ہندی، فارسی اور انگریزی میں مختلف وقتوں میں شائع ہوئے۔ شاطرؔ حکیمی، ڈاکٹر ایل۔ سی۔ رندھیرؔ، شوکتؔ جعفری، فروغؔ نقّاش، تابشؔ حلیمی اور اخترؔ نظمی نے نواب صاحب کے علم و فضل سے بھرپور استفادہ کیا۔ نواب صاحب ۱۶ / فروری ۱۹۷۹ء کو اس دارِ فانی سے کوچ کر گئے۔ انھیں ناگپور کے زری پٹکا مسلم قبرستان میں سپرد خاک کیا گیا۔ حکیم عزیزؔ قدّوسی نے سنِ ہجری میں قطعۂ تاریخِ وفات کہا کہ ۔

شاعرِ عکّاسِ فطرت، صاحبِ فکر و نظر
نام کی برکت سے جو اپنے وحید العصر تھے
ناز تھا علم وادب کو جن کی ہستی پر عزیزؔ
اس جہاں سے ہائے وہ نواب غازی چل بسے

نواب صاحب کی زندگی ان کی وفات کے ساتھ بھلے ہی فوت ہو گئی ہو مگر ان کی

شخصیت، شاعری اور فن آج بھی زندہ و تابندہ ہے۔ شاعری میں انھوں نے مختلف اصنافِ سخن میں طبع آزمائی کی۔ غزلیں بھی کہیں، نظمیں بھی لکھیں، قطعات بھی کہے اور رباعیات بھی جن میں تخیّل کی بلند پروازی، فصاحت و بلاغت، فارسی تراکیب، موسیقیتِ شعری، تشبیہات و استعارات، فلسفے اور تصوّف کے مشکل مضامین، پاکیزہ تغزّل اور زندگی کے مسائل کی بھرپور ترجمانی دیکھنے کو ملتی ہے۔ نواب غازی کی شعری تخلیقات کے مطالعے سے پتہ چلتا ہے کہ نواب صاحب کی شاعری انکی طبیعت کی عکّاس تھی۔ نوابی آن بان کے باوجود وہ اپنے رب سے فقر کے طلبگار نظر آتے ہیں۔ وہ گنج و مال کو ہیچ جانتے ہیں اور ایک اچّھے انسان کی طرح انھیں خدائے بزرگ و برتر پر یقین کامل ہے۔ دیکھیے وہ بارگاہِ الٰہی میں کس عاجزی اور انکساری سے یہ اعتراف کرتے ہیں ؎

تو باغِ جہاں کا مالی ہے
برگ و ثمر کا رکھوالی ہے
فہم سے اونچا و ہم سے بالا
پروازِ خرد سے عالی ہے
ہر دل تیرا جانچا پرکھا
ہر نیّت دیکھی بھالی ہے

ایک جگہ ہندی زبان کے الفاظ اور محاورات کا بر محل استعمال کرتے ہوئے یوں دعا گو ہیں کہ ؎

پرم و شواس ہے پر ماتما دے
مہابلوان، نربل کو بنا دے
مرے سر پر ہو گیان امرت کی برکھا

جٹاؤں سے مری گنگا بہا دے

نواب صاحب کے کلام میں ہمیں قومی اتّحاد اور قومی یکجہتی کا ایک ایسا پیغام ملتا ہے جو اردو شاعری کی صحت مند اور توانا روایت کے شانہ بشانہ نظر آتا ہے۔ اپنی ایک رباعی میں نواب غازی کہتے ہیں کہ ؎

انسان سب ایک ہیں، جدا طور نہیں
کس دل میں طلب، کس سر میں غور نہیں
غم سے وہی نفرت، وہی راحت کی تلاش
مسلم اور نہیں، ہندو اور نہیں

خصوصاً نواب صاحب کی نظموں میں عصری حسیّت، بے اعتدالی و بے راہ روی پر بھر پور تنقید ہم صاف طور پر محسوس کر سکتے ہیں۔ اپنی ایک نظم "رہنمایان گمراہ" میں مذہبی رہنماؤں اور ان کے قول و فعل کے تضاد کو دیکھ کر وہ پکار اٹھتے ہیں کہ ؎

رہنما ہی بے خبر ہیں جب صلوٰۃ و صوم سے
کیا فلاحِ قوم ہو پھر ان کی ہائے قوم سے
کیا اثر صوتِ اذاں کا ہو، عوام النّاس پر
رہنما خود صبح دم چونکے نہیں ہیں نوم سے

اس طرح اپنے ایک قطعے میں بے شعور اور فن سے بے خبر شعراء پر لطیف طنز کے پیرایہ میں نواب صاحب یوں چوٹ کرتے ہیں کہ ؎

ہر چند عقل کم ہے، ذرا بے شعور ہیں
دنیائے شاعری کے مجدّد حضور ہیں
جب سے غزل سنی ہے مجھے بھی ہے اعتراف

فنّی اگر نہیں، متفنّی ضرور ہیں

نواب صاحب کے کلام میں قنوطیت اور یاسیت نہیں بلکہ نامساعد حالات میں بھی با حوصلہ زندگی جینے کا درس ملتا ہے ثبوت میں ایک رباعی پیشِ خدمت ہے۔

خوش ہوئے ابھی چارۂ ناچار تو ہے
سامانِ تسلّیِ دلِ زار تو ہے
غازیؔ یہ غمِ خانہ خرابی کب تک
چھپّر نہ سہی، سایۂ دیوار تو ہے

نواب غازیؔ آف گیوردھا اپنے کلام میں بہ اعتبارِ فن روایت کے پاسدار اور بہ اعتبارِ خیال جدّت کے علمبردار نظر آتے ہیں۔ جہاں تک انکی غزلوں کا معاملہ ہے تو نواب صاحب کی غزلوں کی رعنائی و دلبری، رنگینی اور حسن، داخلیت اور غنائیت، رمزیت اور اشاریت دلوں کو تسخیر کرلیتی ہیں۔ ان کی غزلوں میں بڑا ہی پاکیزہ تغزّل پایا جاتا ہے۔ کچھ شعر سماعت فرمائیں۔ کہتے ہیں۔۔

رخ نہ یوں پھیر، ستم کوش نہ جا
بے وفا، عہد فراموش نہ جا
دل کو مشکل سے قرار آیا ہے
رحم کر راحتِ آغوش نہ جا

دو کیفیت بھرے شعر اور سن لیں کہتے ہیں۔

اضطرابِ ہجر کے سب مرحلے طئے ہو چکے
ہچکیاں کچھ رہ گئیں ورنہ مجھے آرام ہے
شمع کی آنکھوں میں آنسو، چاند کا دل داغ داغ

سوگ میں غمخوار ہیں کیا زندگی کی شام ہے

اسی غزل میں عکّاسِ فطرت نواب غازی نے اپنے مصوّرِ فطرت ہونے کا ثبوت دیا۔ لفظوں میں یہ تصویر کھینچ کر کہا۔

مدّعا کیا کہہ سکوں لکنت زباں کی الاماں

تم مقابل ہو تکلّم لرزہ بر اندام ہے

خونچکاں آنکھیں پریشاں مولبِ گویا خموش

دیکھ جاؤ خوب تصویرِ غمِ ایّام ہے

نواب صاحب کی غزلوں کا پاکیزہ تغزّل اپنی جگہ مسلّم ہے۔ لیکن اسکے علاوہ بھی انکی غزلوں میں "بہت کچھ ہے" اور یہی "بہت کچھ" انھیں اپنے ہم عصر شعراء میں ممتاز کرتا ہے۔ وہ کہتے ہیں۔

کون طوفان میں ہو، شرم سے، پانی پانی

ناخدا کا، میری کشتی نہ سہارا لے گی

انھوں نے اپنی غزلوں میں غزل کے زیرِ لبی لہجے کو بھی بڑی خوبی سے برتا ہے۔ ایک شعر سنیے۔

وہ نیم جاں ہوں کہ ہچکی سے دم نکل جاتا نہ یاد کی، یہ ثبوتِ وفا دیا تم نے

آیئے اب آخر میں "نواب صاحب کی شخصیت اور شاعری" کے اس تذکرے کے مقطع کے طور پر میں نواب صاحب کا ایک بے پناہ مقطع آپکی سماعتوں کے حوالے کرتا چلوں۔ سنیے اور شعر و سخن کے اس گم گشتہ امام کی یاد تازہ کیجئے کہ۔

میخانے سے مسجد میں غازی کی پھر آمد ہے

مژدہ با مسلماناں گم گشتہ امام آیا

(۳) حضرت آذر سیمابی: شخصیت اور فن

خواجہ ربّانی

(یہ مقالہ ۱۷/ویں ماہانہ شعری نشست مورخہ ۲۶/مئی ۲۰۰۷ء کو پڑھا گیا)

شہر ناگپور بجا طور پر اپنی اردو شاعری کی روایات پر فخر کر سکتا ہے کہ اس کی سرزمین سے ایسے اساتذہ اُٹھے جن کی خدمات کے نتیجے میں ناگپور کا نام برّصغیر کی ادبی تاریخ میں درج ہو گیا۔

ڈاکٹر صوفی حمید اللہ خاں آذرؔ سیمابی اُن اساتذۂ فن میں شمار کئے جاتے ہیں جنہوں نے نہ صرف معیاری کلام سے اہلِ ذوق کو نوازا بلکہ آئندہ نسل کو زبان کے برتنے کا سلیقہ سکھایا اور فنِ شاعری کے گلشن کی آبیاری کی۔

۱۵/ جنوری ۱۹۲۱ء کو محمد یٰسین خاں کے گھر میں ایک بیٹا پیدا ہوا جس کا نام حمید اللہ رکھا گیا۔ محمد یٰسین خاں معاشی طور پر بہت خوش حال نہیں تھے اس لئے یہ مشیّت الٰہی تھی کہ حمید اللہ خاں کا بچپن افلاس میں گزرے۔۔۔۔ لیکن جس طرح سونا آگ میں تپ کر کندن ہوتا ہے اسی طرح حمید اللہ خاں نے غربت میں بھی علم کی دولت کا اکتساب جاری رکھا اور اپنی شخصیت کو علم سے سنوارا۔ دسویں جماعت تک تعلیم پوری کرنے کے فوراً بعد انہیں مجبوراً انجمن اردو مڈل اسکول میں مدرسی کی ملازمت اختیار کرنی پڑی۔ دینی علوم کی تحصیل کے لئے آپ نے مولانا مفتی عبد الرشید خان فتح پوری کا تلمّذ حاصل کیا۔ آپ سلوکِ تصوف کے بھی راہی ہوئے اور صوفی عبد الرؤف ساکنِ مؤناتھ بھنجن سے بیعت ہوئے۔ خانگی طور پر ناگپور یونیورسٹی سے بی۔ اے۔ اور اردو ادب میں ایم۔ اے۔

کے بعد 'اردو ادب میں تصوف، کے عنوان سے ایک تحقیقی مقالہ تحریر کیا جس پر ناگپور یونیورسٹی نے انہیں پی۔ایچ۔ڈی۔ سے نوازا۔

آپ ۱۹۶۳ء میں پاکستان تشریف لے گئے اور وہیں کی شہریت اختیار کر لی۔ آپ کے قیامِ پاکستان کے زمانے میں ناگپور سے ربط برابر قائم رہا لیکن ان کی روح اور جسم کا ربط ۱۹۹۷ء میں ٹوٹ گیا۔ ناگپور کے ادبی حلقوں کے لئے ان کا انتقال ایک بڑا صدمہ تھا وہ ہر کام ادھورا چھوڑ کر اس جہاں سے گزر گئے، چنانچہ خود کہا:

ہر کام رہ گیا ہے ادھورا تو کیا کریں
دن بھی تو زندگی کے بہت مختصر ملے

آذرؔ سیمابی کو زمانۂ طالب علمی سے ہی شاعری سے رغبت تھی۔۔۔۔ یہ وہ زمانہ تھا جب مولانا ناطقؔ گلاؤٹھی اپنی فکر و فن سے ایک دبستان ناگپور میں قائم کر چکے تھے۔ اور منظور حسین شورؔ علم و ادب کے چراغ جلا رہے تھے۔۔۔ اُسی فضا میں آذرؔ سیمابی نے اپنی فکر اور شاعری سے ایک نئی شمع روشن کی۔ ۱۹۴۱ء میں آپ نے سیمابؔ اکبر آبادی کی شاگردی اختیار کی۔ دھیرے دھیرے اُن کے اطراف روشنی کا ایک ہالہ بننے لگا اور پروانے شمع کے گردِ جمع ہونے لگے۔

ایک طرف حضرت طرفہؔ قریشی بھنڈاروی سیمابؔ کے جوہروں سے روشنی کشید کر کے فانوسِ حرم روشن کر رہے تھے تو دوسری طرف آذرؔ سیمابی پگھلی ہوئی چاندی یعنی آبِ سیم سے شاعری کا نیا صنم کدہ بنا رہے تھے۔۔۔۔ حضرت آذرؔ کے نام کی رعایت سے ان کی شعری خدمات کو "شاعری کا صنم کدہ بنانا" کہا جا سکتا ہے لیکن حقیقتاً حضرت آذرؔ سیمابی صوم وصلواۃ کے پابند ایک ذاکرِ تہجّد گزار تھے۔ وہ تصوّف اور عرفان کی منزلوں کے راہی تھے اس لئے ان کی فکر اور شاعری میں توحید اور معرفتِ الٰہی کے انوار کی واضح جھلک نظر

آتی ہے۔

ایک جگہ فرماتے ہیں:۔

اے نگاہِ شوق اب تو کچھ نہ کچھ جرأت دِکھا
طورِ دل تک لا چکا ذوقِ کلیمانہ مجھے

آذرؔ سیمابی شاعری کے تقاضوں کو پورا کرنے کے لئے زبان اور اس کے برتنے کے اصولوں سے انحراف کو پسند نہیں کرتے تھے۔ زبان و ادب میں تحقیق و مطالعہ آپ کا مستقل شغل تھا اس لئے وہ اپنے اشعار میں الفاظ اور محاوروں کو بہت احتیاط اور اہتمام سے استعمال کرتے تھے۔ مضمون کی رعایت سے الفاظ کا رکھ رکھاؤ ان کے یہاں ایک عجیب سا تاثر پیدا کرتا ہے۔ کہتے ہیں۔

آذرؔ کچھ اس طرح سے وہ جلوہ نما ہوئے
جلوے ہی سامنے تھے جہاں تک نظر گئی

ان کی شاعری میں زندگی کی مقصدیت کا واضح تصور پایا جاتا ہے۔ یہ الگ بات ہے کہ اکثر زندگی گزارنے والے اس سر نہاں تک نہیں پہنچ سکتے اور زیست کو A time segment without purposiveness سمجھتے ہیں لیکن آذرؔ کہتے ہیں:

اُس کا عنوان جنونِ غم ہستی ہو گا
جس فسانے کی حقیقت کا مجھے ہوش نہیں

ایک اور جگہ وجود اور اس کی مقصدیت کے لئے کہا ہے:۔

تعمیرِ کائنات میں کام آ رہا ہوں میں
دنیا سمجھ رہی ہے مٹا جا رہا ہوں میں

حضرت آذرؔ سیمابی عشق کو عرفانِ ذات کا ذریعہ سمجھتے تھے کہتے ہیں کہ۔

میرا وجود برزخِ راز و نیاز ہے
پیغامِ عشق حسن کو پہنچا رہا ہوں میں

قبائے زندگانی کی شکستگی، جسم اور روح کو باندھنے والے تارِ نفس کی نزاکت، محبوب کی خواہش کا احترام اور مضمون کی رعایت سے الفاظ کا انتخاب اس شعر کو عشقِ حقیقی کی عظیم بلندی عطا کرتا ہے۔

شعر دیکھئے:۔

قبائے زندگانی میں نہیں ہے اور کچھ باقی
بس اک تارِ نفس ہے حکم ہو تو توڑ دوں وہ بھی

حضرت آذرؔ سیمابی نے اپنے اطراف شاگردوں کی بھیڑ کبھی جمع نہیں کی۔ بہت چھان پھٹک کر باصلاحیت تلامذہ کو اپنے حلقۂ شاگردی میں جگہ دی جن میں مولانا مصطفیٰ شائقؔ، یونس انیسؔ، ظفر کلیمؔ، عاجزؔ ہنگن گھاٹی، نظیر احمد نظیرؔ مرحوم، محمد حسین شاغلؔ، افضل حیدریؔ، کلیم احمد کلیمؔ قابلِ ذکر ہیں۔

حضرت آذرؔ سیمابی محض شاعر نہیں تھے بلکہ اردو ادب کے ایک محقق اور مقتدر زبان داں تھے جو اشتقاق اور الفاظ کی اصل کا علم بھی رکھتے تھے اور آپ کو اردو نثر پر بھی عبور حاصل تھا۔ آپ نے ناگپور سے شائع ہونے والے ادبی جریدے 'بنائے حق' اور 'نباضؔ' کے مدیر کی حیثیت سے بھی ادب کی خدمت انجام دی ہے۔ ۱۹۴۴ء میں آپ ایک ملک گیر ادبی انجمن 'ادبیہ سیمابیہ' کے ناظم مقرر ہوئے۔ ترنّم حیدرآبادی کے ساتھ مل کر آذرؔ سیمابی نے 'سیماب لٹریری سوسائٹی، قائم کی تھی۔ ماہ نامہ 'شاعر' بمبئی کے ماہانہ طرحی مشاعروں میں آپ ہمیشہ شریک رہتے تھے۔

آذرؔ سیمابی آج ہمارے درمیان موجود نہیں ہیں لیکن اُن کا فن آج بھی باقی ہے اُن

کی شمعِ سخن آج بھی ادبی محفلوں میں روشنی بکھیر رہی ہے۔

(نوٹ: اِس مقالے کے لئے مواد جناب عاجزؔ ہنگن گھاٹی کے ایک مضمون سے لیا گیا ہے جو 'اُردو ٹائمز۔ ممبئ' میں ۸ / ستمبر ۲۰۰۶ء کو شائع ہوا تھا۔)

(۴) طرفہؔ قریشی

ڈاکٹر شاکر حسین عبّاسی

(یہ مقالہ ۲۵ ویں ماہانہ شعری نشست مورخہ ۲۴ / فروری ۲۰۰۸ء کو پڑھا گیا)

کسی بھی زبان کے ادب کے لئے پچاس سال کا عرصہ اس لحاظ سے کافی سمجھا گیا ہے کہ اس دور میں ادب میں جو فکری شعوری، عروضی اور اظہاری تبدیلیاں ہوتی رہی ہیں ان کے نتیجے واضح طور پر ہمارے سامنے آجاتے ہیں۔ طرفہؔ قریشی پچاس سال پہلے کے شاعر ہیں جب ہم ان کی شاعری پر نظر ڈالیں تو ہمیں اس نکتہ کو ذہن میں رکھنا چاہئے۔

طرفہؔ قریشی کا شہر -- آج کے ناگپور سے بہت مختلف تھا اور ادبی لحاظ سے ممتاز بھی۔ وہ ناگپور کا ایسا دور تھا جس پر ہم بجا طور پر ناز کر سکتے ہیں۔ مولانا ناطقؔ کا طوطی بول رہا تھا ان کی شاعرانہ عظمت اور علمی وقعت کے سامنے اچھے اچھوں کا پتّہ پانی ہو جاتا تھا۔ ظفرؔ کلیم نے اس دور کی اچھی تصویر کشی کی ہے کہ۔

یہ شہر ناگپور ہے ناطقؔ کا شہر ہے
کم بولئے جناب ذہانت کے باوجود

اس کا غیر شعوری طور پر یہ اثر تھا کہ شاعر اپنے کلام پر ہر اعتبار سے بار بار نظر ڈالتے تھے۔ اسے زیادہ سے زیادہ نکھارتے تھے۔ معتبر بناتے تھے۔ اس طرح خود بخود شاعری کا معیار ہر لحاظ سے بلند سے بلند تر ہوتا چلا گیا۔ اس زمانے کے شاعروں پر نظر ڈالئے۔ شاطرؔ حکیمی، طرفہؔ قریشی، حمید آذرؔ، نواب غازیؔ، یعقوب ساقیؔ، ظفرؔ ناگپوری، شوکت جعفری، حافظ بیکسؔ، نواب بلقیس نجستہ بیگم سب کے یہاں الفاظ کی دروبست، خیال کی

بلندی اور فن کی آبرو ملتی ہے۔ یہ اس زمانے کے شاعرانہ ماحول کی تربیت کا تمام اثر تھا۔

شاعروں اور ادیبوں کی بے تکلف محفلوں کے لئے جس طرح لکھنؤ کا امین آباد پارک اور دہلی کی جامع مسجد کو شہرت ملی۔ ناگپور میں اپنے زمانے کا آفتاب ہوٹل بھی اسی زمرہ میں آتا ہے۔ مومن پورہ میں جیسے ہی داخل ہوں مورچے پر ہی یہ ہوٹل واقع تھا۔ عصر کے بعد پانی کا چھڑکاؤ ہوتا اور میز اور کرسیاں سلیقہ سے لگا دی جاتی تھیں۔ اس وقت کے اکثر و بیشتر ادب کے متوالوں کی بے تکلف نشست یہیں جمتی تھی۔ میں نے طرفہؔ قریشی کو سب سے پہلے یہیں دیکھا۔

اوسط قد۔ منحنی جسم اور سر پر اونچی دیوار کی جناح ٹوپی۔۔۔ ترچھی لگی ہوئی۔ طرفہؔ صاحب پر جب بھی پہلی نظر پڑتی ٹوپی ہی ٹوپی نظر آتی۔ کچھ دیر کے بعد معلوم ہوتا کہ ٹوپی کے علاوہ انسانی خدوخال بھی موجود ہیں۔ ان کی پوری شخصیت میں ایک تھما تھما سا۔ ایک دھیما دھیما سا انداز تھا۔ ان کی چال دھیمے رفتار کی، ان کی گفتگو دھیمے لَے کی، کلام بھی سناتے تو دھیمے لہجے میں۔ ان کی شاعری میں اونچے نعرے، اونچے الفاظ، اونچا لہجہ اور اونچے دعوے کم ملتے ہیں۔ "جس میں طوفاں نہیں آتا وہ سمندر ہوں میں"۔۔۔ ان کی شاعری میں استقلال اور استقامت کی ایک یکساں لَے کا احساس ہوتا ہے جو ان کی فکر و شعور کی پختگی اور ان کے انداز کے یقین کا نتیجہ ہے۔ جو کچھ کہا جارہا ہے اس پر اعتماد۔۔ جس طرح کہا جارہا ہے اس پر اعتماد۔۔ یہی ان کی شاعری کا بنیادی وصف ہے۔ جو بہت کم شاعروں کے حصہ میں آیا ہے۔

طرفہؔ قریشی کی ابتدائی ذہنی نشو و نما رسالہ "شاعر" کے مطالعہ سے ہوئی جس میں باقاعدہ ہر ماہ طرحی غزلیں شائع ہوتی تھیں۔ یہ علامہ سیمابؔ اکبر آبادی کا رسالہ تھا۔ یہی تعلق آگے جا کر شاگردی کا وسیلہ بنا۔ استاد داغؔ دہلوی کے جو نہ رتن مشہور ہوئے اس میں

سے ایک سیماب اکبر آبادی تھے۔ جن کے طرفہ شاگرد ہوئے۔ داغ کے دوسرے رتن مولانا ناطق ناگپور ہی میں موجود تھے اور دنیا مانتی ہے کہ مولانا ناطق الفاظ سے کھیلنے میں کتنی ماہرانہ قدرت رکھتے تھے۔ اس دور میں غزل میں اس کا عام استعمال تھا۔ طرفہ نے بھی اس ہنر کو اپنایا۔ اس کو اپنانے میں علامہ سیماب سے زیادہ مولانا ناطق کی موجودگی اپنا اثر ڈال رہی تھی۔ یہاں صرف ایک مثال دونگا۔

طرفہ کا شعر ہے۔

اٹھا نہ رکھ حشر پر یہ جھگڑا عذاب کو اب ثواب کردے
وہاں یہ زحمت کسی کو کیوں ہو یہیں ہمارا حساب کردے

اور یہی مضمون مولانا ناطق کے یہاں دیکھئے۔ کہتے ہیں۔۔۔

ہوئی ختم عمر رواں جہاں، وہیں رہ گیا وہ لیا دیا
سرِ حشر کس کا حساب دوں مجھے آپ نے ہی تھا کیا دیا

یہ الگ بات ہے کہ روانی کے اعتبار سے میزان کیجئے تو استاد استاد ہیں اور شاگرد شاگرد۔ پھر بھی طرفہ نے اس میں اپنا رنگ دکھایا ہے۔ اس ہنر کے اور کچھ اشعار دیکھئے۔

دیکھا ہے منہ کسی نے خوشی کا، تو منہ دکھائے
رونا رہا ہے سب کو غمِ روزگار کا

ہو گئی طرفہ بہت کہنہ بساطِ زندگی
پھینک لے جا کر کہیں اس کو، کھڑا ہو، چل، اٹھا

اک عرضِ التفات پہ اب تک کھنچے ہیں وہ
اتنی سی بات نے انھیں تلوار کردیا

لگانے جا رہا ہے العطش کا تو کہاں نعرہ

زباں باہر نکل آئیگی دیوانے، بیاباں کی

اللہ ری ان کی شوخیِ رفتار کا فسوں
محشر نے آنکھ کھول دی، فتنے اچھل پڑے

اس منصبِ جلیل کے قربان جایئے
سرداریوں کیا کہ سرِ دار کر دیا

ایک اور شعر دیکھئے شطرنج کے کھیل میں بساط، شرط، پیدل اور مہرے مخصوص الفاظ ہیں۔ طرفہؔ کی مشاقی دیکھئے۔

میں بساطِ شوق بچھاؤں کیا، غمِ دل کی شرط لگاؤں کیا
جو پیادہ چلنے میں طاق تھے وہ تمام مہرے بکھر گئے

طرفہؔ قریشی کا اصلی رنگ غزل میں ہی ابھرتا ہے مگر ان کے دور میں ادب میں گاہے گاہے جو نئے رجحانات ابھرتے رہے ہیں انھوں نے ان کا بھی اثر قبول کیا کہیں کم کہیں زیادہ۔ طرفہؔ قریشی کی جوانی کے زمانے میں ترقّی پسند تحریک کا غلغلہ بڑے زور شور سے اٹھا تھا۔ ایسے ڈھول پیٹے گئے کہ دوسری آوازیں وقتی طور پر سہی اس میں دب کر رہ گئی تھیں۔ کچھ ادیب وشاعر وقتی طور پر متاثر ہوئے کچھ ہمیشہ کے لئے اس کارواں کا حصّہ بن گئے۔ طرفہؔ نے اثر قبول کیا۔ ان کا یہ قطعہ دیکھئے:

اک شعاعِ سرخ کر دے گی اجالا ہر طرف
یہ جبال ودشت وصحرا آتشیں ہو جائیں گے
اہلِ محنت کو ذرا سا مسکرا لینے تو دو
جتنے ہیں بے حسن گوشے سب حسیں ہو جائیں گے

مگر طرفہؔ اس غبار سے جلد ہی باہر نکل آئے کیوں کہ ان کا تجربہ بڑا تلخ تھا اور نتیجہ

مایوس کن۔ انھوں نے اس تحریک کو تنبیہ کی کہ:

یہ ترا نقصِ جلی، اے انقلابِ عصرِ نو
آدمیت ختم ہو اور آدمی باقی رہے

طرفہؔ غزل کے شاعر تھے لہٰذا "انقلاب زندہ باد" کی اچھل کود کی بجائے ان کے اشعار میں "شعاعِ سرخ"۔ "اہلِ محنت"۔ "بے حُسن گوشے" اور "نقصِ جلی" جیسی ترکیبیں استعمال ہوئی ہیں۔ یہ ان کے شعور کی پختگی اور فکر کی گہرائی کی غماز ہیں۔ کچھ اور شعر دیکھیے جن میں غزلیت کے لوازمات کے ساتھ فکر و نظر کی بالیدگی بھی ملتی ہے۔

اک حرفِ مدعا سے ہوئی کتنی آگہی دنیا ذرا سی بات سے پہچان لی گئی
گئی کچھ اس طرح، بے درد نے مڑ کر نہیں دیکھا
ابھی تک بے وفائی یاد ہے، عمر گریزاں کی
بجھائے تھے جہاں تُم نے دیے میرے تبسم کے
ترستی ہیں وہ گلیاں آج تک جشن چراغاں کو
مری تخئیل میں بنتی نہیں بے ربط تصویریں
مرا ہر شعر طرفہؔ فکر کے سانچے میں ڈھلتا ہے
اپنے پائے عمل پہ جھک ناداں سجدۂ شکر ماسوا کیا ہے؟
رحمت کا ذکر رندوں میں کرنا نہ تھا تجھے
واعظ، اسی عطا پہ، خطا اور بڑھ گئی

طرفہؔ قریشی کا پہلا مجموعۂ کلام "پہلی کرن" کے نام سے شائع ہوا۔ دوسرا مجموعۂ غزل "نصف النہار" کے نام سے چھپا ڈاکٹر شرف الدّین ساحلؔ نے تبصرہ کرتے ہوئے لکھا ہے کہ "فکری لحاظ سے پہلی کرن کا کلام صاف، سُتھرا، پاکیزہ اور لطیف ہے لیکن بعد کے

مجموعوں میں یہ خوبی زائل ہوگئی ہے۔" مجھے ڈاکٹر ساحلؔ صاحب کی رائے سے اتفاق نہیں ہے۔ پہلے مجموعے کا نام ہے۔ "پہلی کرن "یعنی ابتدا۔ دوسرے مجموعے کا نام ہے "نصف النہار "یعنی عروج کی انتہا۔ اور دونوں کے درمیان پچیس سال کا عرصہ ہے۔ کیا کوئی شاعر زندگی، وقت اور زمانے کے ارتقائی کارواں سے کچھ بھی حاصل نہیں کرتا اور وہ بھی پچیس سال کے طویل عرصہ میں ؟ اور اگر واقعی ایسا ہے تو پھر وہ شاعر، شاعر کہلانے کا ہی مستحق نہیں۔ لیکن طرفہؔ کا دیوان "نصف النہار" ثابت کرتا ہے کہ طرفہؔ قریشی شاعر تھے اور قابل شاعر۔ جنہوں نے زندگی کو جیا بھی اور وقت کی رفتار پر نظر بھی رکھی۔ ان کے دیوان، "پہلی کرن" اور "نصف النہار" کو سامنے رکھ کر موازنہ کریں تو اندازہ لگایا جاسکتا ہے کہ وقت کے ساتھ ساتھ طرفہؔ کی گرفت غزل پر مستحکم ہوتی چلی گئی، زبان نکھرتی گئی، الفاظ کی نشست کی باریکیوں سے وہ آشنا ہوتے چلے گئے اور تخئیل کی دھنک رنگ بکھیرنے لگی۔ بے شمار اشعار پیش کیے جاسکتے ہیں مگر میں یہاں تین اشعار پیش کروں گا۔ آپ خود دیکھیے ذہنی طور پر شاعر کی پختگی اور بالیدگی۔ "پہلی کرن "کا شعر ہے:

جمالِ ابتدا ہو کر، جلالِ انتہا ہو کر
بشر دنیا میں آیا مظہرِ شانِ خدا ہو کر

جو حضرات شاعری کا ذوق رکھتے ہیں وہ آسانی سے کہہ دیں گے کہ یہ شعر بالکل حالیؔ کے رنگ کا ہے۔ اب "نصف النہار" میں اسی موضوع کو دیکھیے:

مرا وجود ہے اسرارِ کائنات کا دل
مذاقِ خلقتِ کون و مکاں کا حاصل ہوں

یہ شعر سن کر ذہن بے ساختہ "اقبالؔ" کی طرف جاتا ہے۔ حالیؔ اور اقبالؔ میں کیا فرق ہے یہ دنیا جانتی ہے۔ اس شعر میں "خلقتِ کون و مکاں" سے اضافت کے ساتھ لفظ

"مذاق" کو کتنا مقدس اور محترم بنا دیا۔ ایک اور شعر دیکھیے۔ "پہلی کرن" میں کہتے ہیں:

ذکرِ غم پر وہ تبسم بھی نہ فرماتے تو پھر
سن کے پتّھر کی طرح خاموش رہ جاتے تو پھر

اور یہی بات جب "نصف النہار" میں کہتے ہیں تو انداز دیکھئے۔

کہتا نہ تھا کہ عرضِ غمِ دل ہے بے اثر
لے اے شعورِ درد، ترے بات بھی گئی

اس "شعورِ درد" میں جو کیفیت اور کرب ہے بس اس کی شدّت محسوس کیجئے۔ ایک اور شعر ہے "پہلی کرن" کا۔ کہ

تجھ سے غرض ہے تیری حضوری سے کام ہے کونین میرے سامنے آئے تو کیا کروں

لیکن جب "نصف النہار" میں یہی خیال پیش کرتے ہیں تو تیور دیکھئے۔

وہ عروج ہے کہ فرشتے بھی نہ اٹھا سکے یہاں سر کبھی
کوئی کیسے آنکھ ملا سکے ترے در کے سجدہ گزار سے

ان اشعار کا موازنہ بتا رہا ہے کہ "پہلی کرن" کے مقابلے میں "نصف النہار" میں شاعر کے تخئیل کی اڑان کتنی بلند ہوئی اس کا شعور کتنا جِلا پا گیا اور پیش کرنے کا ہنر کتنا نکھر گیا۔ اس لئے انھوں نے اعلان کیا کہ۔

نہیں ہے کیا میرے پاس طرفہ خدا نے کیا کچھ نہیں دیا ہے
کرے گا کوئی طلب جو مجھ سے شعور دونگا شعار دونگا

اور جنابِ عالی۔۔۔ شاعری۔۔۔ نام ہی ہے شعور اور شعار کے مرکب کا۔ کہتے ہیں۔

ہمارے دم سے سب کچھ ہے نہ ہوں گے ہم تو اے ساقی
یہ مینا، یہ سبو، یہ خُم، یہ ساغر، کون دیکھے گا

ان کی بعض غزلیں تو ایسی ہیں کہ پوری کی پوری غزل، غزلیت میں غرقاب ہے اور بے ساختہ مومنؔ کی یاد دلاتی ہیں۔ ایسی ہی ایک مچلتی ہوئی غزل دیکھئے کتنی سجل، شگفتہ اور شاداب ہے۔ کہتے ہیں۔

یہ تن تن کے چلنا، یہ تیور بدلنا، قیامت کو سائے میں لے کر نکلنا
فلک ہے کہ سہما ہوا سا کھڑا ہے زمیں ہے کہ ڈر سے دبی جا رہی ہے
تم اچھے تمھاری ہر اک بات اچھی، ہنسی تم پہ صدقے، خوشی تم پہ قرباں
مگر اپنی چتون کے بل تو نکالو، یہ کچھ اور ہی چغلیاں کھا رہی ہیں
یہ طرفہؔ تمھیں آج کیا ہو گیا ہے، یہ کس رو میں بہتے نظر آ رہے ہو
گیا اب کہاں وہ تخیّل تمہارا، غزل آج کس رنگ میں جا رہی ہے

طرفہؔ کیا بتاتے کہ انہیں کیا ہو گیا ہے۔ انسان کی زندگی میں ایسا لمحہ آ ہی جاتا ہے جب وہ دل کو کبھی کبھی تنہا بھی چھوڑ دیتا ہے۔ پروفیسر منشاء الرحمان خاں منشاؔ نے ان کے ایک اور مجموعہ کلام "فانوس حرم" میں اپنی رائے لکھی ہے کہ۔ "شعور کی پختگی اور شعر گوئی کی مہارت جہاں ان کی غزلوں میں امتیازی طور پر پائی جاتی ہے وہیں نعتوں میں بھی ان کی جلوہ گری جا بجا نظر آتی ہے۔"

طرفہؔ قریشی کے کلام پر یہی تبصرہ صحیح، صائب اور صحت مند ہے۔ ہر سخن فہم اور سخن شناس طرفہؔ کا کلام پڑھ کر ماننے پر مجبور ہو گا۔ بات "فانوس حرم" کی آگئی ہے تو ایک قصیدہ کا ایک بند بھی ملاحظہ کیجئے۔ حضور اکرمؐ کی دنیا میں آمد ہے اور شاعر نے نقشہ کھینچا ہے۔

رات کی پلکوں پہ مہتابی اجالے رولتی
ہر سیاہی میں، جمالِ حسن فطرت گھولتی
چاند کی زرّیں شعاعوں کو پروں پر تولتی
قصرِ باطل میں حقیقت کے دریچے کھولتی
عرش سے اُتری زمیں پر ناز فرماتی ہوئی
کفر کر رُخ کو، کرن ایماں کی، جھلساتی ہوئی

مہتابی کے اجالے رولنا، جمالِ حسن فطرت گھولنا، پروں پر تولنا، حقیقت کے دریچے کھولنا۔ کیا یہ ترکیبیں اظہار نہیں ہیں کہ شاعر کو الفاظ پر کتنی قدرت اور اندازِ بیان پر کتنی مہارت حاصل ہے۔ جہاں ترکیبیں بے مثال ہیں تو تخئیل کی رو بھی رواں دواں ہے۔

ان کی نظموں میں بھی غزل کی نغمگی اور جذباتی فضاخود بخود بنتی چلی جاتی ہے ان کی ایک نظم ہے۔ " آمیرا وطن دیکھ " پوری نظم مخمور اور مسرور فضا سے معمور ہے۔ ایک بند دیکھئے کہ کس جذبے کی مٹھاس، الفاظ کی شیرینی میں پگھل رہی ہے۔

آمیرا وطن، میرا وطن، میرا وطن دیکھ
بال اپنے یہاں بنتِ عنب کھول رہی ہے
تسنیم کی بوندوں کو گھٹا رول رہی ہے
زمزم کے پیالوں میں شکر گھول رہی ہے
او خانہ بر اندازِ چمن، نازِ چمن دیکھ
آمیرا وطن، میرا وطن، میرا وطن دیکھ

یہ تفصیل اور تجزیہ ظاہر کرتا ہے کہ طرفہ قریشی قادر الکلام شاعر تھے۔ زبان آشنا تھے۔ شعر کہنے کا فن جانتے تھے۔

مگر یہ حقیقت بنیادی ہے کہ وہ غزل کے شاعر تھے۔ اور غزل کا شاعر ہونا خود ایک کمال ہے۔ غزل کو غزل کی طرح کہنے میں شاعر کا

تخیّل، الفاظ پر اس کی گرفت اور مصرعوں میں ان کی میناکاری۔ محنت بھی چاہتی ہے اور جودت بھی۔ اور طرفہؔ کو قدرت نے یہ دونوں چیزیں عطا کی تھیں۔ لہٰذا انھوں نے اردو کو "نصف النہار" جیسا دیوان دیا۔ یہی ایک دیوان ان کے اس دعوے کو سچ ثابت کرنے کے لئے کافی ہے کہ۔

میں تختِ نشینِ ادب و شعر ہوں طرفہؔ
برسوں مجھے یاد، اہلِ قلم کرتے رہیں گے

(۵) حمید ناگپوری

محمد سکندر حیات

(یہ مقالہ پانچویں ماہانہ شعری نشست مورخہ ۲۲/ اپریل ۲۰۰۶ء کو پڑھا گیا)

سب سے پہلے مبارکباد پیش ہے صدر مسلم لائبریری کے عہدیداروارا کین کی خدمت میں کہ انھوں نے ماہانہ شعری نشستوں کا اہتمام کیا اور اُسے استواریت سے چلانے کی ذمّہ داری جناب مشتاق احسن اور انکے رفقاء کار کو سونپی جسے وہ انتہائی خوش اسلوبی سے پوری کر رہے ہیں۔ ان شعری نشستوں کا مقصد جہاں نئے شعری رجحانات سے روشناس ہونا ہے وہیں یہ مقصد بھی زیر نظر ہے کہ ہم ناگپور کے اساتذہ کے شعری تخلیقات سے استفادہ حاصل کریں۔

حمید ناگپوری کا نام شعری حلقوں میں کسی تعارف کا محتاج نہیں۔ البتہ ہماری نئی نسل کو شاید انکی شاعرانہ عظمت وحسیت کا علم نہ ہو۔ اس زمانہ میں شاید ہی کوئی ادبی نشست ہوتی جس میں حمید صاحب موجود نہ ہوتے۔ وہ وسیع النظر۔ بلند خیالات کے حامل۔ پیکر اخلاص و محبت تھے۔ انکے کلام میں فطری بہاؤ اور آمد ہے۔ یہی وجہ ہے کہ انکے اشعار آسانی سے دل میں اُتر جاتے ہیں اور زبان زد ہیں۔ آل احمد سرور کے یہ جملے انکے محاسن کلام پر روشنی ڈالتے ہیں۔

"میں وسطِ ہند کے اِس شاعر سے اب تک واقف نہ تھا۔ کلام پڑھا تو حیرت بھی ہوئی اور افسوس بھی۔ حیرت، کلام کی خوبی پر اور افسوس اپنی لاعلمی پر۔ حمید ناگپوری کی فکر پر تغزل کا گہرا اثر ہے۔ حسن اظہار اور لب ولہجہ کی سنجیدگی اور روانی کی وجہ سے انکے بیشتر

اشعار مقبول ہیں اور زبان زد ہیں۔"

پیر مغاں خم خانۂ سخن حضرت مولٰینا ناطقؔ گلاؤٹھوی اپنے تاثرات میں رقم طراز ہیں کہ " انسان عمر بھر غلط فہمیوں کا شکار ہوتا رہتا ہے۔ حمیدؔ صاحب کی ابتدائی شاعری میں حسنِ کلام و بیان کی خوبیوں کو دیکھ کر اور انکی محدود علمی قابلیت کا اندازہ لگاتے ہوئے میں یہ سمجھتا تھا کہ حمیدؔ صاحب کو ضرور کوئی دوسرے صاحب لکھ دیتے ہونگے۔ مگر جب نظر آیا کہ حمیدؔ صاحب کے کلام اور حسنِ بیان کی خوبیاں روز افزوں ہیں، میں نے یہ خیال کیا کہ ان خوبیوں کے ساتھ لکھنے والا دوسرا کوئی شخص ناگپور میں موجود نہیں۔ اور ساتھ ہی یہ بھی سوچا کہ اگر اس عظمت کے ساتھ کوئی دوسرا لکھنے والا ہوتا تو وہ خود ضرور میدانِ شاعری میں آگیا ہوتا۔ ان کا کلام جو میں نے سنا اسے محاسنِ لفظی اور معنوی سے پُر پایا۔ اس لئے میری وابستگی حمیدؔ صاحب سے بڑھتی گئی۔"

مولانا ناطقؔ نے آج تک کسی صاحب کی تصنیف پر کوئی مقدمہ نہیں لکھا۔ لیکن حمیدؔ ناگپوری کے مجموعہ کلام "حرفِ خاموش" پر اپنے تاثرات ضرور قلمبند کئے۔ اس سے بھی حمیدؔ صاحب کی شاعرانہ عظمت کا اعتراف ہوتا ہے۔ ان کی شاعری زندگی کے تلخ حقائق پر محیط ہے۔ انھوں نے جو محسوس کیا اسکا بر محل اظہار کیا۔ کسی مخصوص طرزِ فکر سے وابستگی یا کسی نظریے کی تبلیغ نہیں کی۔ محبت انکا شعار تھا۔

حمیدؔ مجھ کو زمانہ مٹا نہیں سکتا
بنالیا ہے محبت کو زندگی میں نے

حمیدؔ صاحب کے مجموعہ کلام ' حرف خاموش، کو ادبی حلقوں نے سراہا۔ اس میں نظمیں۔ غزلیں۔ قطعات۔ رباعیات شامل ہیں۔ حرف خاموش پر پروفیسر ڈاکٹر سید رفیع ا لدین صاحب دامت برکاتہ کا تبصرہ اسطرح روشنی ڈالتا ہے۔ "حرفِ خاموش میں جو رنگ

غالب ہے وہ ان کا تغزل ہے۔ شاعر کا مذاق نہایت شستہ، پاکیزہ اور رومانیت آمیز ہے۔ نکھرے ستھرے جذبات کیلئے حسنِ اظہار کا جامہ بھی نہایت سادہ اور لطیف ہے۔ انکی شاعری پامال راہوں سے گریزاں ہے اور رسمی قید و بند سے آزاد ہے۔"

ان کے کلام میں زمانہ کی شکایت کے مضامین جابجا پائے جاتے ہیں۔ جو تغزل کے رنگ میں حسنِ اظہار کا اچھا نمونہ ہے۔

حمیدؔ رسمِ زمانہ سے ہم نہ تھے واقف
کسے خبر تھی کہ اپنے بنیں گے بیگانے
پوچھو نہ کس عذاب میں کاٹی ہے زندگی
ناکام حسرتوں کا سہارا لئے ہوئے

حوادثِ زمانہ نے شاعر کو بے حد حساس بنا دیا تھا۔ اس کا اظہار وہ اس طرح کرتے ہیں۔

فکر پابندیِ حالات سے آگے نہ بڑھی
زندگی قیدِ مقامات سے آگے نہ بڑھی
سرخوشی بن نہ سکی زہرِ الم کا تریاق
زندگی تلخیِ حالات سے آگے نہ بڑھی

حمیدؔ کے یہاں چھوٹے پیرائے میں اخلاقی مضامین نہایت خوبصورتی کے ساتھ ادا ہوتے ہیں۔

الفت میں یہ نفرت کا ابھرنا کیسا
تفریق کی راہوں سے گزرنا کیسا
اب تک یہ سمجھ میں نہیں آیا اپنی
انسان کا انسان سے ڈرنا کیسا

کردار ہے کیا چیز خبر ہو تو سہی
اس راز سے آگاہ بشر ہو تو سہی
دنیا سے برائی کا تصوّر مٹ جائے
عیبوں پہ مگر اپنے نظر ہو تو سہی

یہ تفرقۂ شیخ و برہمن کیوں ہے
یہ برق دوئی شامت گلشن کیوں ہے
مذہب ہے اگر صدق و محبت کی دلیل
انسان پھر انسان کا دشمن کیوں ہے

نامساعد حالات کے باوجود وہ مایوس نہیں ہیں۔ انھوں نے امید کا دامن تھامے رکھا ہے۔ دیکھئے یہ شعر۔

حمیدؔ شامِ غریباں کا کس لئے شکوہ
وہ دیکھ جانبِ منزل چراغ جلتا ہے

اور وہ اس طرح سکون بھی تلاش کرتے ہیں۔

سکونِ دل کہاں انساں کو حاصل
سوائے زیر دامانِ محمد

حمیدؔ صاحب کا کلام اپنے شعری محاسن کی وجہ سے اربابِ علم و ادب سے دادِ تحسین حاصل کرتا رہیگا اور لوگ انہیں یاد کرتے رہیں گے۔

ستم رسیدۂ الفت کوئی حمیدؔ بھی تھا
زمانہ دے تمھیں فرصت تو یاد کرلینا

(۶) حافظ محمد ولایت اللہ حافظ

ڈاکٹر محمد اظہر حیات

ناگپور میں اردو زبان وادب کی تاریخ کے سرسری مطالعہ سے ہی ہمیں ایسے نام مل جائیں گے جن کے علم و فضل کی بنیاد پر ہندوستان میں ناگپور کو پہچانا جاتا ہے۔ ان چند ہستیوں میں حافظ محمد ولایت اللہ کا نام نمایاں نظر آتا ہے۔

حافظ صاحب ہندوستان کے سابق نائب صدر اور سپریم کورٹ کے چیف جسٹس محمد ہدایت اللہ صاحب کے والد بزرگوار تھے۔ ان کے آباء واجداد کا وطن بنارس تھا۔ حافظ صاحب کے والد کا نام محمد قدرت اللہ تھا۔ وہ زود گو شاعر کثیر التصانیف بزرگ اور بااثر شخصیت کے مالک تھے۔ غدر کے زمانے میں قومی وملکی افراتفری کے سبب انہوں نے ہجرت کر کے بھوپال کے پاس سیہور نامی شہر میں مستقل سکونت اختیار کر لی۔ اپنی غیر معمولی صلاحیتوں کی وجہ سے قدرت اللہ ریاست بھوپال میں کئی اہم منصب پر فائز ہوئے۔ ان کے چار بیٹے تھے۔ محمد ولایت اللہ ان کے دوسرے نمبر کے فرزند تھے۔

محمد ولایت اللہ ۴/ ستمبر ۱۸۷۳ء کو سیہور میں پیدا ہوئے۔ صرف نو سال کی عمر میں انھوں نے قرآن کریم حفظ کر لیا تھا۔ اس سے ان کی غیر معمولی ذہانت کا اندازہ ہوتا ہے۔ ابتدائی تعلیم سیہور میں حاصل کی بعد ازاں جبلپور سے انٹرنس کے امتحان میں نمایاں کامیابی کے بعد اعلیٰ تعلیم کے لیے محمڈن اینگلو اورینٹل کالج علی گڈھ میں داخلہ لیا۔ ۱۸۹۵ء میں بی۔ اے۔ کا امتحان امتیازی نمبروں سے پاس کیا۔

ایم۔اے۔ او کالج میں حافظ صاحب کا زمانہ طالب علمی بڑا یادگار رہا۔ ایک طرف مولانا محمد علی جوہرؔ، مولانا شوکت علی، بابائے اردو مولوی عبدالحق وغیرہم جیسے باکمال حضرات ان کے ہم مکتب تھے تو دوسری طرف سرسید احمد خاں، مولانا الطاف حسین حالی، محسن الملک اور مولانا شبلی نعمانی جیسی قد آور شخصیات ابھی بقید حیات تھیں۔ جن کے افکار و خیالات سے پوری قوم متاثر ہو رہی تھی۔ حافظ ولایت اللہ کو بھی ان بزرگوں کی صحبت نصیب ہوئی۔ جس سے ان کے خیالات میں وسعت پیدا ہوئی اور فطری صلاحیتوں کو جِلا ملی۔

۱۸۹۰ء میں بی۔ اے۔ پاس کرنے کے بعد حافظ صاحب اپنے وطن لوٹ آئے۔ اور روزگار کی تلاش میں ۱۸۹۷ء میں ممالک متوسط و برار کی طرف رخ کیا۔ یہاں پہلی تقرری چاندہ میں تحصیلدار کی حیثیت سے ہوئی۔ بعد ازاں ایڈیشنل کمشنر اور ڈسٹرکٹ مجسٹریٹ کے عہدے پر فائز ہوئے۔ ۱۹۲۹ء میں ڈپٹی کمشنر کی حیثیت سے ریٹائرڈ ہوئے۔ اور ناگپور کو ہمیشہ کے لیے جائے مسکن بنالیا۔

حافظ صاحب نے سرکاری ملازمت کے فرائض نہایت حسن و خوبی کے ساتھ انجام دیئے جس کے صلے میں حکومت نے انہیں خان بہادر 'قیصر ہند، آئی ایس او اور بیج آف سینٹ جونس ایمبولنس جیسے گراں قدر خطابات سے سرفراز کیا۔

حافظ صاحب خوش مزاج ظریف طبیعت اور بذلہ سنج تھے۔ بے تکلّف دوستوں کی محفل میں ان کی گلفشانیِ گفتار سننے کے قابل ہوتی۔ ان کی ظریفانہ طبیعت کا اندازہ اس واقعہ سے لگایا جاسکتا ہے جس کے راوی مرحوم پروفیسر ڈاکٹر سید عبدالرحیم صاحب تھے۔ انہوں نے کہا کہ ایک شام حافظ صاحب دوستوں کے ساتھ اپنے مکان کے سامنے باغ میں بیٹھے تھے۔ ایک شادی شدہ جوڑا سامنے کی سڑک پر سے گزر رہا تھا ایک دوست نے

حافظ صاحب کی طرف معنی خیز نظروں سے دیکھا اور کہا حافظ صاحب آپ کو بھی اسی طرح جوڑے کے ساتھ گھومنا چاہئے۔ حافظ صاحب کی رگ ظرافت پھڑک اٹھی انھوں نے برجستہ کہا "لوگ کہیں گے کیا اس لیے ایسی صورت کو چالیس سال تک پردے میں رکھا تھا۔"

طبیعت کی شگفتگی اور بذلہ سنجی کا اثر کلام میں بھی نمایاں نظر آتا ہے۔

"سوز و گداز" کے نام سے ۱۹۴۱ء میں ایک مجموعہ کلام شائع ہوا۔ ۳۳۰ صفحات پر محیط اس مجموعہ میں غزلیں ، نظمیں ، قصائد اور قطعات شامل ہیں۔ حافظ صاحب کی دوسری تصنیف "تعمیرِ حیات" اگست ۱۹۴۹ء میں شائع ہوئی یہ ایک طویل نظم ہے جس میں اصلاحی پہلو غالب ہے۔

حافظ صاحب کا مخصوص میدان یوں تو نظم گوئی تھا۔ اس میں وہ مزاحیہ نظموں کے بادشاہ کہے جاسکتے ہیں۔ لیکن اردو کے بیشتر شعراء کی طرح انہوں نے بھی شعر گوئی کی ابتداء غزل سے ہی کی تھی۔ "سوز و گداز" میں غزلیات کے تحت ۵۳ غزلیں شامل ہیں۔ سادگی، سلاست، ندرت خیال اور جدّت تخیّل ان کی غزلوں کے نمایاں اوصاف ہیں۔ مثال کے طور پر یہ چند اشعار دیکھئیے:

عشق کہتا ہے میرے نالوں سے
دل لگی تھی جو دل لگا بیٹھے

دل یہ کہتا ہے بار بار مرا
کوئی کرتا ہے انتظار مرا

غیر کی اتنی کہاں ہمّت کہ وہ آئے یہاں
کس طرح ہم کو یقیں ہو آپ کا ایمانہ تھا

ناصح کو نہ سمجھا تھا کہ کم ظرف ہے ایسا
کیا دھوم مچائی ہے جو تھوڑی سی پلا دی

دنیا کی بے ثباتی اور شہر خموشاں کی ویرانی پر کیا ہی بلیغ تبصرہ ہے۔

ہزاروں نامور آ کر بسے شہر خموشاں میں
مگر اس سرزمیں کی پھر بھی ویرانی نہیں جاتی

حیات بعد الممات کی گتھی کس طرح سلجھاتے ہیں۔

مرنا جسے کہتے ہیں وہ ہے زیست کا آغاز
ملتی ہے بقا سب کو اسی راہ فنا میں

حافظ صاحب نے سہل ممتنع میں بڑی کامیاب غزلیں کہی ہیں۔ چند اشعار ملاحظہ فرمائیے:

راہ پر مڑ کے کیوں مجھے دیکھا
کی محبت کی ابتداء تو نے
نہیں پہلو میں جب قیام و قرار
اے خدا کیوں یہ دل دیا تو نے

اس بحر میں ایک حمدیہ غزل کے یہ اشعار بھی دیکھیے:

مجھ کو پیدا کیا خدا تو نے
اور سب کچھ عطا کیا تو نے
دور پھینکا نہ بعد مردن بھی
پاس اپنے بلا لیا تو نے

حافظ ولایت اللہ حافظ کا اصلی جوہر تو میدانِ ظرافت میں کھلتا ہے۔ اکبر الہ آبادی

کے رنگ میں انھوں نے خوب کہا ہے۔ اکبر کا تتبع اور تقلید انھوں نے کچھ اس طرح کیا کہ لوگ انہیں اکبر ثانی کہنے لگے۔ سوز و گداز میں مزاحیات کا الگ عنوان قائم کیا گیا ہے جس میں مختلف عنوانات کے تحت ۸٦ نظمیں شامل ہیں۔ اکبر کی طرح وہ بھی مسلمانوں کی زبوں حالی، اخلاقی پستی اور اسلامی اقدار سے بیزاری پر کڑھتے ہیں۔ مولویوں اور علماء کی بے حسی پر جابجا طنز کرتے ہیں۔

اکبر نے جن موضوعات پر اشعار کہے ہیں کم و بیش وہی موضوعات ہمیں حافظ صاحب کے کلام میں بھی نظر آتے ہیں۔ مثلاً پردہ، حالات حاضرہ، زبان، مسلمانوں کی زبوں حالی فیشن پرستی اور قوم و وطن کی محبت کے موضوعات دونوں کے یہاں مشترک نظر آتے ہیں۔

پردہ کے متعلق اکبر الہ آبادی کے اشعار زبان زد خاص و عام ہیں۔

بے پردہ کل جو آئیں نظر چند بی بیاں
اکبر زمیں میں غیرت قومی سے گڑ گیا
پوچھا جوان سے آپ کا پردہ وہ کیا ہوا
کہنے لگیں کہ عقل پہ مردوں کی پڑ گیا

حافظ صاحب کے یہ اشعار دیکھیے

ایک دن وہ تھا کہ ہر جانب یہ ہوتی تھی پکار
بی بیاں پردہ میں ہو جائیں کہ مرد آتے ہیں یاں
پھر یہ دیکھا لوگ کہتے تھے بہ آواز بلند
مرد کر لیں اس طرف منہ آ رہی ہیں بی بیاں

مرد اب رہتے ہیں پیچھے بیبیاں ہیں پیش پیش
اور سب ان کے لیے کرتے ہیں خالی کُرسیاں
عام جلسوں میں صفِ اوّل میں ہے ان کی نشست
بیوی لکچر دیتی ہیں خاموش بیٹھے ہیں میاں
شکل جس کی نہ ہو اچھی وہ رکھے پوشیدہ
اچھی صورت کے لیے حاجتِ پردہ کیا ہے

شیخ واعظ، مولوی پنڈت کی ظاہر داری و ریاکاری اکبر کا محبوب موضوع تھا۔ حافظ صاحب نے بھی اس موضوع پر خوب شعر کہے ہیں۔ چند اشعار ملاحظہ فرمایئے: ۔

شیخ کی عادت ہوئی اتنی خراب
ان کو زمزم بھی کشیدہ چاہئیے
شیخ صاحب بر سر منبر بہت آساں ہے وعظ
پستیِ اخلاق کی حالت مگر کیسے بنے
آپ نے اپنا بنا رکھا ہے دستور العمل
دعوتیں کھائیں لیا نذرانہ اور چلتے بنے

اکبر کے یہاں سماجی برائی چندہ اور غیر ضروری کمیٹیاں اس موضوع پر بھی اشعار ملتے ہیں۔ اکبر کی طرح حافظ صاحب کی گلفشانی دیکھیئے: ۔

چلتے ہیں سارے کام چندوں سے
صرف ان کا حساب ہے غائب
لسٹ چندوں کی چند روزہ ہے
بعد میں وہ کتاب ہے غائب

نقد تحویل کے امین بنے

اب جو پوچھو جواب ہے غائب
سخت مشکل حساب میں یہ ہے
کہ وہاں بے حساب ہے غائب

ایک طویل نظم "تذکیر و تانیث بزُبان اردو" کے منتخب چند اشعار ملاحظہ کیجئے:۔

بہت پر لطف گو اردو زباں ہے
مذکر اور مونّث کی ہے دقّت
حجاب و پردہ گھونگھٹ اور برقع
مذکر ہے یہ کل سامانِ عورت
مونث ہے جناب شیخ کی ریش
ہو کچھ بھی اس کی مقدار و طوالت
مذکر ہو گیا گیسوئے جاناں
ہوئی اس کی طوالت کی یہ عزّت
دُوپٹّہ عورتوں کا ہے مذکر
مونث کیوں ہے دستارِ فضیلت
فراق و وصل ہیں دونوں مذکر
مونث ہے مگر واعظ کی صحبت
ہوئیں جب مونچھ اور داڑھی مونث
تو پھر کرنا پڑا دونوں کو رخصت

حافظ صاحب ہندی اور انگریزی کے الفاظ بڑی بے تکلفی سے استعمال کرتے تھے

ایک طویل طنزیہ نظم "نوجوانوں سے خطاب" کا مطلع بھی دیکھئے:

نوجواں تجھ کو سزاوار ہو یورپ کا چلن
یہ دعا ہے کہ مبارک ہو تجھے یہ فیشن

اس نظم میں ڈائی مینشن، سیمی کولن، کٹھن، آرگن، رشین، لوشن، انجن، جرمن، لندن، لیٹن، کچن، ٹفن، سمّن، رن، وغیرہ انگریزی قوافی کا استعمال بڑی خوبی سے کیا گیا ہے۔ ۲۷ اشعار کی اس نظم میں ۶۰ مقامات پر انگریزی لفظوں کا استعمال کیا گیا ہے۔

حافظ صاحب کے ہاں طنز و مزاح ایک خاص رنگ و آہنگ کا حامل ہے۔ وہ مزاح کے ساتھ طنز کی آمیزش اس طرح کرتے کہ قاری زیرلب مسکراتا اور پھر سنجیدہ بھی ہو جاتا۔ آخر میں شاعر کے جذبہ خلوص کا قائل ہو جاتا۔ در حقیقت حافظ صاحب کے کلام کی یہی خوبی انہیں وسط ہند کا اکبر ثانی بناتی ہے۔ یہ بات بھی قابلِ ذکر ہے کہ ناگپور میں حافظؔ صاحب طنز و ظرافت کے نقشِ اوّل ہیں اور اگر میں یہ کہوں کہ اب تک ان کا کوئی ثانی نہیں ہے تو شاید غلط بھی نہ ہو۔

حافظؔ صاحب نے پیرانہ سالی کے سبب ۱۲/ نومبر ۱۹۴۹ء کو رحلت فرمائی۔ اس وقت ان کی عمر ۷۶/ برس تھی۔ زری پٹکا قبرستان، ناگپور میں تدفین عمل میں آئی۔

بیدلؔ نے تاریخِ وفات نکالی:

ہے مرگ حضرت حافظ گراں بار
ادب کی محفلیں تھیں ان کے دم سے
ہوئے بے چین سب اپنے پرائے
جدائی ہے بزرگِ محترم سے
بزرگوں کی گئی آخر نشانی

جہاں خالی ہوا اہلِ قلم سے
دعا بیدلؔ کی ہے یہ بہتر تاریخ
الٰہی بخش دے ان کو کرم سے

(۷) شاطرؔ حکیمی - تو نہ ہوتا تو زندگی کیا تھی

خلیل انجمؔ کامٹی

(یہ مقالہ ۲۳/ویں ماہانہ شعری نشست مورخہ ۲۹/دسمبر ۲۰۰۷ء کو پڑھا گیا)

اشارہ ان کی جانب سے اگر پہلے نہیں ہوتا
تو کیوں برباد کرتے مفت میں ہم زندگی اپنی؟

ایک شعر کی صحیح تعریف یہ ہے کہ اسے سنتے یا پڑھتے ہی وہ ہمارے دل میں اتر جائے۔ اس کا کوئی لفظ اپنی جگہ سے ہٹایا جائے اور نہ ہی اس میں کسی ترمیم و اصلاح کی گنجائش نظر آئے۔ غرض وہ ایسی ڈھلی ڈھلائی شئے ہو جو کسی خوبصورت مجسمہ سے کم نہ ہو جسے دیکھ کر ہم بیساختہ کہہ اٹھیں "واہ! کیا چیز ہے!"۔ اس سے بہتر تعریف کسی معیاری شعر کی نہیں ہو سکتی۔ اور اگر شعر پڑھنے یا سننے کے بعد ہم کو یہ سوچنا پڑے کہ شاعر کیا کہنا چاہتا ہے؟ تو سمجھ لیجئے شعر اپنی تعریف میں نامکمل ہے۔ حسرتؔ موہانی نے ایک معیاری شعر کی تعریف یوں کی ہے:

شعر دراصل ہیں وہی حسرتؔ
سنتے ہی دل میں جو اتر جائیں

بالکل یہی کیفیت "اشارہ ان کی جانب سے۔۔۔۔۔۔" والا شعر سننے یا پڑھنے کے بعد ہوتی ہے۔ اس شعر کے شاعر ہیں شاطرؔ حکیمی جو آج میرا موضوعِ سخن ہیں۔ گرچہ وہ آج ہمارے درمیان نہیں ہیں مگر ان کی یادیں آج بھی دل و دماغ کو تر و تازہ کر دیتی ہیں۔

شہر کامٹی جو ہمیشہ سے اردو زبان کا مرکز رہا ہے یہی شاطرؔ حکیمی کی جائے پیدائش

ہے اور جائے وصال بھی۔ ان کے والد محترم الحاج صوفی عبدالحکیمؒ کا شمار کامٹی کی ان علمی و ادبی شخصیات میں ہوتا ہے جن کے فیض واثر سے کامٹی کو آج علم وادب کے میدان میں نمایاں مقام حاصل ہے۔ شاطرؔ حکیمی جب تک حیات میں رہے ہر سال ۲۲/ محرم کو اپنے والد محترم کا عرس پورے اہتمام کے ساتھ مناتے اور ۲۳/ محرم کی شب میں کبھی طرحی اور کبھی غیر طرحی مسالمہ بیاد شہدائے کربلا کا اہتمام بھی کیا جاتا۔ مسالمہ بڑے پیمانے پر ہوتا جس میں ملک کے چند نامور شعرائے کرام شرکت فرماتے۔ عالمی شہرت یافتہ ناظم مشاعرہ ثقلین حیدر شاطرؔ حکیمی کے بڑے معقّد تھے۔ جب تک شاطرؔ حکیمی حیات میں رہے ہر سال ثقلین حیدر نہ صرف مسالمہ میں حاضری دیتے بلکہ اپنے ساتھ دوچار نامور شعراء کو بھی لاتے۔ اہلِ ذوق سامعین کثیر تعداد میں جمع ہوتے اور رات بھر مسالمہ سے لطف اندوز ہوتے۔ خواتین سامعین کی تعداد بھی خاصی ہوتی۔ مسالمہ کو کامیاب بنانے میں ثقلین حیدر کی کوششیں معاون ثابت ہوتیں۔ شاطرؔ حکیمی کے وصال کے بعد مسالمہ کا انعقاد شاذونادر ہی ہوا مگر عرس کی تقریب اب بھی ہر سال منعقد ہوتی ہے مگر شاطرؔ حکیمی صاحب کے زمانے کی بات ہی کچھ اور تھی۔

اپنے مضمون کا آغاز راقم التحریر نے شاطرؔ صاحب کے ایک مشہور شعر سے کیا تھا مگر اس پر اپنی بات کو ادھورا چھوڑ کر دوسری طرف چلا گیا۔ اردو شاعری کے عشقیہ مضامین میں اس خیال سے ملتے جلتے شعر ترقی یافتہ صورت میں بہت سے ملیں گے اس کی ایک مثال مجازؔ لکھنوی کا یہ شعر بھی ہے:

عشق کا ذوقِ نظارہ مفت میں بدنام ہے
حسن خود بیتاب ہے جلوہ دکھانے کے لیے

اگر تقابلی جائزہ لینا مقصود ہو تو یہ بتائے بغیر کہ شاعر کون ہے؟ یہ دونوں شعر کسی

کے سامنے رکھیئے پھر دیکھئے کس کے شعر پر کتنی داد ملتی ہے :۔۔۔انداز بیان یا اسلوب دونوں میں ایک جیسا ہے مگر سادگی اور بے تکلفی کے اجزا شاطرؔ حکیمی کے شعر میں زیادہ ہیں۔ یہ اور بات ہے کہ فرق لکھنؤ اور کا مٹی کا ہے۔ دراصل آج بھی ہم میں سے بہت سے لوگ یہ دیکھتے ہیں کہ شعر کس کا ہے؟ یہ نہیں دیکھتے کہ بات کیا کہی گئی ہے اور اس کا اندازِ بیاں ذہن و دل کو کس طرح اپیل کرتا ہے؟

ایک اندازے کے مطابق شاطرؔ حکیمی نے چار سو سے زائد غزلیں کہی ہوں گی۔ نظم، مرثیہ، تاریخی قطعات وغیرہ بھی اچھی معقول تعداد میں ان کے یہاں مل جائیں گے۔ مگر افسوس کہ ان کا ایک ہی شعری مجموعہ ہے جو "موت و حیات" کے نام سے ۱۹۴۴ء میں شائع ہوا۔ یعنی "موت و حیات" کی تمام غزلیں اور نظمیں انگریزی دور کی ہیں۔ شاطرؔ حکیمی کا وصال ۱۹۸۸ء میں ہوا۔ اس اعتبار سے ان کی شاعری کو دو حصوں میں تقسیم کیا جا سکتا ہے اور ظاہر ہے ان دونوں حصوں کی شاعری میں فرق و امتیاز بھی ہونا چاہیے۔ "موت و حیات" کی شاعری میں جوش اور ولولہ اپنے عروج پر نظر آتا ہے کہ ہندوستان آزادی کے لیے جدوجہد میں مصروف تھا اور آزادی کے بعد کی شاعری میں جوش اور ولولہ کی تپش قدرے مدھم ہو گئی تو متانت اور سنجیدگی کی فضا ہموار ہوئی۔ گویا ایک دریا پہاڑی راستوں سے گزرتا ہوا کھلے اور ہموار میدان میں آگیا جہاں دریا کی رفتار تو سست ہو جاتی ہے مگر اس کی قدر و قیمت بڑھ جاتی ہے۔

نظم کا عنوان مجھے یاد نہیں مگر یہ نظم "موت و حیات" میں محفوظ ہے اور ۱۹۴۴ء ہی میں یہ نظم ریڈیو ماسکو (روس) سے نشر ہوئی تھی۔ میں سمجھتا ہوں اس نظم کا پسِ منظر لوکمانیہ تلک کا وہ نعرہ تھا جسے سنتے یا پڑھتے ہی دلوں کے چراغ روشن ہو جاتے ہیں۔ تلک نے فرمایا تھا "آزادی میرا پیدائشی حق ہے اور اسے میں لیکر رہوں گا۔" اس نظم کو سننے

کے بعد احساس ہوتا ہے کہ شاطرؔ حکیمی پکّے محب وطن تھے۔ وہ ہندوستان کو مکمل طور پر آزاد دیکھنے کے دل سے خواہاں تھے اور اپنے ملک پر غیر ملکی تسلط کو ہر گز برداشت نہیں کر سکتے تھے۔ پوری نظم ان کے جذبات واحساسات کی آئینہ دار ہے۔ نظم کے بول بڑے اثر انگیز ہیں۔ ملاحظہ فرمائیں:

بہادرو نہ جانے پائے ہاتھ سے یہ سرزمین
وطن ہی سے جہان ہے وطن نہیں تو کچھ نہیں

"موت وحیات" میں وطن پرستی کے جذبات سے معمور اس فکر وخیال کی اور بھی نظمیں ہیں جنھیں پڑھ کر نہ صرف یہ محسوس ہوتا ہے کہ شاعر کو اپنی ذمہ داری کا پورا پورا احساس ہے بلکہ قاری کو بھی جدوجہد آزادی کے لیے اکساتی ہیں۔ شاطرؔ حکیمی بنیادی طور پر غزل کے شاعر ہیں مگر ملک کے حالات کے پیشِ نظر انہوں نے نظمیں بھی کہیں کیونکہ نظم کا دامن وسیع ہوتا ہے۔ اس میں جذبات واحساسات کو احسن طریقے سے پیش کرنے کی گنجائش زیادہ ہوتی ہے۔

"موت وحیات" پر بیشتر اہلِ علم و دانش نے تبصرے کئے ہیں اور مختلف رسائل و جرائد میں شائع بھی ہوئے ہیں۔ تمام تبصروں کو احاطۂ تحریر میں لانا مشکل ہے تاہم نیازؔ فتح پوری اور مجنوںؔ گورکھپوری نے جس انداز میں تبصرے فرمائے ہیں ان کا ذکر اختصار میں کیا جاتا ہے۔ نیازؔ فتح پوری اپنے رسالہ "نگار" میں لکھتے ہیں کہ شاطرؔ حکیمی بڑی سے بڑی بات آسانی سے کہہ جاتے ہیں۔ یہ خصوصیت بڑی خصوصیات میں سے ہے۔ شاطرؔ حکیمی کا شمار ترقی پسند شعراء میں ہوتا ہے مگر ان کے کلام میں ان کی بے راہ روی نہیں پائی جاتی۔ مجنوںؔ گورکھپوری نے لکھا کہ "موت وحیات" شروع سے آخر تک پڑھ جایئے، شاطرؔ حکیمی مرکزی خیال سے نہیں ہٹتے۔"

میرے خیال سے اس سے بڑی سند کسی فنکار کو مشکل سے ہی حاصل ہوتی ہے۔ اس اعتبار سے شاطرؔ حکیمی خوش نصیب ہیں کہ اتنا بڑا اعزاز انھیں اس وقت ملا جب ان کی شاعری کی عمر نصف بھی نہیں ہوئی تھی۔ وہ محفل مشاعرہ ہو، شادی خانہ آبادی کی تقریب ہو یا کوئی سیاسی جلسہ، شاطرؔ حکیمی ہر محفل کی جان ہوتے تھے۔ بخشی غلام محمد جموں کشمیر کے وزیر اعظم تھے۔ آج بھی مسئلہ کشمیر ہند و پاک کے درمیان زیر بحث ہے۔ اس مسئلہ پر دونوں ملکوں کے درمیان جنگیں بھی ہوئیں۔ بخشی غلام محمد کامٹی تشریف لائے تھے اور یہیں گاندھی چوک پر ان کے اعزاز میں ایک جلسہ منعقد کیا گیا تھا۔ کثیر تعداد میں لوگ بخشی غلام محمد کی تقریر سننے آئے تھے شاطرؔ حکیمی نے ان کے استقبال میں ایک نظم پیش کی تھی جس میں مسئلہ کشمیر پر ہندوستان کے موقف کی حمایت کی گئی تھی۔ نظم چھ یا سات بند پر مشتمل تھی اور ہر بند کا آخری مصرع تھا "جان کر دیں گے فدا کشمیر دے سکتے نہیں"، شاطرؔ صاحب تحت میں پڑھ رہے تھے اور جب اس مصرع پر آتے تو لوگ بھی ان کی آواز میں آواز ملا دیتے۔ ان کے پڑھنے کا انداز بھی بہت خوب تھا۔ بخشی غلام محمد نے اس جلسہ میں کیا کچھ کہا وہ تو لوگ جلد ہی بھول گئے مگر شاطرؔ حکیمی کی نظم کا مصرع "جان کر دیں گے فدا کشمیر دے سکتے نہیں" آج بھی ان لوگوں کو یاد ہے جو اس جلسہ میں موجود تھے۔

شاطرؔ حکیمی مشاعروں میں بھی اپنا کلام سناتے تھے اور اپنا نقش چھوڑ جاتے۔ تقسیم ہند سے پہلے برہان پور کے ایک طرحی مشاعرے میں وہ مدعو تھے۔ طرحی مصرع تھا "زندگی کا مزہ گناہ میں ہے" یہ مصرع جگرؔ مرادآبادی کا ہے اور جگرؔ مرادآبادی خود اس مشاعرے میں شریک تھے۔ جگرؔ کے علاوہ ماہرؔ القادری، ادیبؔ مالیگانوی اور آزادؔ انصاری جیسے ماہرین فن بھی اس مشاعرے میں شریک تھے۔ جگرؔ جب اپنے اس شعر پر پہنچے تو

دادو تحسین کی صداؤں سے مشاعرے کی چھت اڑنے لگی:

میں جہاں ہوں ترے خیال میں ہوں

توجہاں ہے مری نگاہ میں ہے

مشاعرہ ہوتا رہا لیکن اس شعر سے زیادہ کوئی شعر مقبول نہیں ہوا اور جب شاطرؔ حکیمی مائک پر آئے اور اپنے اس شعر پر پہونچے تو ایک بار پھر "واہ / واہ" کے شور سے مشاعرہ گونج اُٹھا:

تم نہ سمجھو تو کیا کرے کوئی

دل کا ہر مدعا نگاہ میں ہے

ماہرؔ القادری سرِ مشاعرہ فرمانے لگے کہ بعض اوقات شخصیتیں کام کرتی ہیں۔ ان کی بلند آواز اور شہرت کے غلغلے کے آگے دوسری آواز دب کر رہ جاتی ہے۔ مثلاً سچ پوچھئے تو شاطرؔ حکیمی کا یہ شعر مشاعرے کی مقبولیت کا حامل ہے جسے میں کبھی فراموش نہیں کر سکتا۔

اسی دوران آکولہ میں شکیلؔ بدایونی کی صدارت میں ایک طرحی مشاعرہ ترتیب دیا گیا۔ طرحی مصرع تھا "اِک فرشتہ بھی انتظار میں ہے" شکیلؔ بدایونی کے علاوہ صباؔ افغانی اور حسرتؔ جے پوری وغیرہ بھی اس مشاعرے میں شریک تھے۔ مشاعرہ پوری کیفیت کے ساتھ چل رہا تھا۔ دوسرے شعراء کے مقابلے میں شاطرؔ حکیمی کے اس شعر کو زیادہ پسند کیا گیا:

شبِ ہجراں گزار دی ہم نے روزِ محشر تو کس شمار میں ہے؟

شکیلؔ بدایونی نے جب اس مشاعرے کی روداد لکھی تو اس شعر کا خصوصی طور پر ذکر کیا۔

۲۴/ نومبر ۱۹۷۴ء کو کامٹی میں شمع لائبریری کے ایک یادگار آل انڈیا مشاعرے میں جب شاطرؔ حکیمی اپنی نظم "سینۂ کائنات کا اضطراب و کرب" پڑھ کر رخصت ہوئے تو ناظمِ مشاعرہ ڈاکٹر ملک زادہ منظور نے نظم پر تبصرہ کرتے ہوئے فرمایا کہ آج کا نوجوان شاعر بیس سال بھی کوشش کرے تو شاطرؔ حکیمی کے اس مقام تک نہیں پہونچ سکتا۔

پیشے کے اعتبار سے شاطرؔ حکیمی مونسپل اردو پرائمری اسکول، کامٹی میں مدرس تھے۔ ان کی اہلیہ جو آج بھی حیات ہیں، بڑی صابر و شاکر اور وفا شعار ہیں۔ سات بچوں (دو بیٹیاں اور پانچ بیٹوں) کی تعلیم و تربیت کا بوجھ تنہا شاطرؔ حکیمی کے کاندھوں پر تھا۔ گھر کا خرچ مشکل سے چلتا تھا۔ تنخواہ بھی وقت پر نہیں ملتی تھی۔ تین تین، چار چار ماہ انتظار کرنا پڑتا تھا۔ ظاہر ہے ادھار لیکر گھر کے اخراجات کو پورا کرنا پڑتا تھا۔ اس کے باوجود کوئی مہمان آجاتا تو خندہ پیشانی سے اس کا استقبال کرتے۔ ان کی بڑی بیٹی اپنی تعلیم مکمل کر کے معلّمہ بنی تو گھر میں آسودگی کے آثار نمایاں ہوئے۔ کچھ دنوں بعد دو بیٹیوں کو بھی ملازمت مل گئی تو مزید آسودگی حاصل ہوئی مگر تب تک شاطرؔ حکیمی اپنے درس و تدریس کے شعبے سے سبکدوش ہو چکے تھے۔

کامٹی میں ناگپور، جبل پور روڈ پر آزاد لائبریری کے سامنے ایک چھوٹی سی ہوٹل تھی جو "غفور ہوٹل" کے نام سے مشہور تھی۔ آس پاس اور بھی اس طرز کی ہوٹلیں تھیں مگر اب وہاں "شہید سمارک" بن گیا ہے۔ آزاد لائبریری بھی اب نہیں رہی۔ "غفور ہوٹل" کی چائے بہت مشہور تھی۔ ہم لوگ شام میں وہیں ہوٹل کے عقبی حصّے میں کرسیاں لگا کر بیٹھ جاتے۔ میرے دوستوں میں ممتاز قادری، ماسٹر اسماعیل، نسیم مظہری وغیرہ بھی وہیں مل جاتے۔ فلم، کرکٹ اور شاعری ہماری گفتگو کے موضوعات ہوا کرتے۔ اکثر شاطرؔ حکیمی بھی ہمارے ساتھ شامل ہو جاتے۔ اگر حسنِ اتفاق مولوی سعید اعجازؔ کامٹی میں

ہوتے تو وہ بھی ہمارے ساتھ بیٹھ جاتے مگر ان کے سامنے فلم کا موضوع غائب ہو جاتا۔ پاکستان کے نامور کرکٹ کھلاڑی حنیف محمد، شاطرؔ حکیمی کے رشتہ دار ہیں۔ شاطرؔ حکیمی کبھی کبھی فلم بھی دیکھ لیا کرتے تھے۔ دلیپ کمار اور وحیدہ رحمٰن کی اداکاری سے وہ بہت متاثر تھے۔ محبوب خان اور بی آر چوپڑہ ان کے پسندیدہ ڈائرکٹر تھے۔ فلم "نیا دور"، "پیاسا"، "مغلِ اعظم"، "دھرم پتر" اور مشہور انگریزی فلم "دی ٹین کمانڈ منٹس" (The Ten Commandments) وغیرہ انہوں نے ہمارے ساتھ ہی دیکھی تھیں۔ ان کی شخصیت میں بڑی کشش تھی۔ ۶۰۔۶۵ / سال کی عمر میں بھی تندرست و چست نظر آتے۔ اتنی عمر میں بھی تیز قدموں سے چلتے تھے۔ چہرے مہرے کے بھی خوب تھے۔ چھوٹی سی داڑھی تھی اور اس پر سفّتی بال، سفید کرتہ اور تنگ مہری کا پاجامہ ان کا پسندیدہ لباس تھا۔ کسی خاص مشاعرے میں جانا ہو یا کسی خاص شخصیت سے ملاقات کرنا مقصود ہو تو شیروانی بھی زیب تن کر لیتے۔ شیروانی میں ان کی شخصیت مزید پرکشش نظر آتی۔ مجھے یاد ہے وہ عید کا ہفتہ تھا۔ غالباً ۱۹۶۱ء کا ذکر ہے۔ ان دنوں لبرٹی ٹاکیز (ناگپور) میں "دی ٹین کمانڈ منٹس" چل رہی تھی۔ ناگپور ہی میں محلّہ بھالدارپورہ میں ان کے ایک قریبی رشتہ دار رہتے تھے۔۔ وہ ان سے ملنا چاہتے تھے۔ میں ان کے ساتھ ہو لیا۔ وہ شیروانی پہنے ہوئے تھے۔ اپنے رشتہ دار سے عید ملنے کے بعد ہم دونوں لبرٹی کی طرف کوچ کر گئے۔ جب ہمارا رکشا لبرٹی پہنچا تو ہم اتر گئے۔ میں رکشا والے کو پیسے دینے میں رہ گیا اور شاطرؔ حکیمی صاحب آگے بڑھ گئے۔ رکشا والا شاید شاطرؔ صاحب کی شخصیت اور اندازِ گفتگو سے مرعوب تھا۔ مجھ سے پوچھنے لگا۔ "یہ کہاں کے باشندے ہیں؟،، میں نے مسکرا کے جواب دیا "یہیں کے ہیں"۔۔۔۔ "میں سمجھا لکھنؤ سے آئے ہیں۔" رکشا والے نے کہا اور آگے بڑھ گیا۔

اردو شاعری میں گروپ بندی کا رواج بہت پہلے سے ہے اور آج بھی ہے۔ شاطرؔ حکیمی کا شمار معتبر اساتذہ میں ہوتا ہے۔ ان کے بہت سے شاگرد ہیں جنھوں نے ان سے استفادہ کیا۔ مشاعروں میں اکثر دیکھا گیا ہے کہ اساتذہ اپنے شاگردوں ہی کے معیاری اور اچھے شعر کی داد دیا کرتے ہیں مگر شاطرؔ حکیمی کسی بھی اچھے اور معیاری شعر کی کھل کر داد دیتے تھے بھلے ہی وہ ان کا شاگرد نہ ہو۔ یہ ان کی ایسی خصوصیت تھی جس نے انھیں مزید مقبول و ممتاز بنایا۔

مارچ ۱۹۶۴ء میں ممتاز قادری کراچی چلا گیا۔ کچھ دنوں بعد میرا بھی کامٹی سے تبادلہ ہو گیا تو "غفور ہوٹل" کی بیٹھک ہی ختم ہو گئی۔ بہت دنوں بعد ممتاز قادری کا خط کراچی سے آیا۔ اس نے لکھا تھا "جب سے کراچی آیا ہوں نہ تو اچھا شعر پڑھنے میں آیا اور نہ ہی سننے میں۔ جی چاہتا ہے اڑ کر کامٹی آ جاؤں اور شاطرؔ حکیمی صاحب کے پاس بیٹھ کر اچھے شعر سنوں۔"

غرض شاطرؔ حکیمی میں فنِ شاعری کے علاوہ اور بھی بہت سی خوبیاں تھیں۔ اگر وہ شاعری نہ بھی کرتے تو ایک اچھے انسان کی حیثیت سے معاشرے میں جانے جاتے۔ ان کے وصال سے اردو شاعری کو نقصان ہوا ہی ہے۔ ایک انسانیت نواز شخصیت سے بھی معاشرہ محروم ہو گیا ہے۔ اپنا مضمون انھیں کے اس شعر پر ختم کرنا چاہوں گا جس نے مجھے ان کے ساتھ گزارے ہوئے لمحات کی یاد دلائی اور ہمیشہ یاد دلاتے رہیں گے:

"تو نہ ہوتا تو زندگی کیا تھی
اے غمِ عشق تیری عمر دراز"

(۸) شاکر اورنگ آبادی کی ادبی خدمات

ڈاکٹر شاکر حسین عبّاسی

(یہ مقالہ ۱۸/ویں ماہانہ شعری نشست مورخہ ۲۳/جون ۲۰۰۷ء کو پڑھا گیا)

شاکرؔ اورنگ آبادی۔۔۔۔۔ اردو کے ایسے ادیب تھے جو شاعر بھی تھے۔ مضمون نگار بھی اور افسانہ نویس بھی۔ اور اس پر امتیاز یہ کہ اپنے وقت کے بہترین مقرر بھی تھے۔ انھوں نے شاعری کی مگر "صاحبِ دیوان" نہ ہو سکے۔ انھوں نے افسانے لکھے مگر "صاحبِ کتاب" نہ بن سکے، ہاں تقریر کے میدان میں ان کا طوطی بولتا تھا اور وہ یقیناً "صاحبِ بیان" کے درجہ پر متمکن تھے۔

شاکرؔ صاحب کی ادبی زندگی کا آغاز شاعری سے ہوا۔ شاکرؔ ان کا تخلص تھا ورنہ ان کا نام تو منور حسین تھا۔ ابتدائی چند سالوں کو چھوڑ کر شاعری پر انھوں نے بہت کم توجہ دی حالانکہ فن شاعری پر ان کی نظر اہل نکتہ سنج کی طرح تھی۔ اسی طرح انھوں نے نثر میں مضامین اور افسانے بھی لکھے ان کا قلم اس محفل کا بھی نکتہ داں تھا۔ نثر کیسے لکھی جائے، نثر کی اچھائیاں، اس کی خوبیاں، اس کی کمزوریاں، اس کی بے اعتدالیاں، اس کی جولانیاں اور اسکی پستیاں ان سب پر ان کی گہری نظر تھی۔ کیا مجال کے کوئی اچھا ادیب یا شاعر ان کے مطالعے سے بچ نکلے۔ کسی کتاب کا نام لیجئے ان کے پاس موجود، کسی رسالے کا ذکر کیجئے ان کا پڑھا ہوا۔

آج سے تقریباً ساٹھ سال پہلے جنوری ۱۹۴۴ء میں ناگپور میں انجمن ترقی اردو ہند کی تیسری آل انڈیا کانفرنس منعقد ہوئی۔ یہ کانفرنس شاکرؔ اورنگ آبادی کی زندگی کا ایک اہم

موڑ بن گئی۔ پورے ہندوستان سے تقریباً تین سو ادیب، شاعر اور اہل فن اس کانفرنس میں شریک ہوئے۔ بابائے اردو ڈاکٹر مولوی عبدالحق، انجمن کے سیکریٹری تھے ان کے علاوہ مولانا حبیب الرحمٰن خاں شروانی، پروفیسر غلام مصطفٰی خاں، ڈاکٹر احتشام حسین، ڈاکٹر ابو اللیث صدیقی، مولانا امتیاز عرشی، پروفیسر شہاب رضوی، ڈاکٹر عبادت بریلوی، جیسے نامور ادیب تشریف لائے۔ شعراء کرام میں ماہرؔ القادری، خمارؔ بارہ بنکی، اخترؔ شیرانی، سلیمان ادیب، محویؔ صدیقی، علامہ دتا تاریہ کیفی، ظریفؔ دہلوی اور شعریؔ بھوپالی جیسے آسمان شاعری کے ستارے اس کانفرنس میں جمع ہوئے۔ تین دن کی اس کانفرنس کے عام اجلاسوں میں دس دس ہزار کا مجمع تھا۔

کانفرنس کا اہتمام انجمن ہائی اسکول، صدر ناگپور کے میدان میں ایک خوبصورت اور وسیع شامیانے میں کیا گیا تھا۔ کانفرنس بہت کامیاب اور شاندار رہی۔

کانفرنس کی تیاری، انتظامات اور کامیابی کے لئے جہاں ایک طرف نواب محی الدین خاں کھجی، نواب صدیق علی، ابراہیم فنا اور عبدالستار فاروقی کے نام لئے گئے وہیں ایک بیس سالہ نوجوان کا نام بھی سب کی زبان پر تھا۔ یہ نوجوان تھے۔۔۔ شاکرؔ اورنگ آبادی۔ ان کے جوش وخروش، جذبہ خدمت اور ان تھک محنت کا یہ ثمرہ تھا کہ کانفرنس کے بعد انجمن ترقی اردو کے سیکریٹری ڈاکٹر مولوی عبدالحق نے خاص طور سے اس نوجوان کو نجی ملاقات کے لئے بلوایا۔ یہ ایک ملاقات اپنا رنگ دکھاگئی۔ شاکر صاحب اردو کے عاشق تو تھے ہی مرشد کی ایک صحبت نے انہیں اردو کا مجذوب بنا دیا۔ اس کے بعد آنے والے برسوں میں اس علاقے سے اردو کی جو بھی تحریک اٹھی، جو بھی تنظیم ابھری، جو کارواں چلا، شاکرؔ صاحب اس کے لازمی اور فعال رکن ہوا کرتے تھے۔

کانفرنس کے ایک سال کے بعد ہی ان کی مرتب کردہ کتاب "سمن زار" شائع ہوئی

جس میں اس زمانے کے چند مقامی شاعروں کا مختصر تعارف اور ان کے کلام کا نمونہ دیا گیا ہے۔ خود شاکرؔ صاحب کی دو نظمیں "گدگدی" اور "ماہ درخشاں سے" اس مجموعہ میں شامل ہیں۔

انجمن ترقی اردو کی سالانہ کانفرنس سے جو جذبہ اور جوش پیدا ہوا تھا اس کے نتیجے میں ناگپور میں ادارہ ادبیہ سیمابیہ کے نام سے ایک ادارہ قائم ہوا۔ اس ادارہ کے تحت بڑے پیمانے پر کامیاب مشاعروں کا سلسلہ شروع ہوا۔ طرفہؔ قریشی اور آذرؔ سیمابی کے ساتھ شاکرؔ اورنگ آبادی بھی اس ادارہ کے فعالی رکن تھے۔اس ادارہ نے اس علاقے میں مشاعروں کا ایک نیا جہاں آباد کیا۔

اس علاقے سے نکلنے والے ماہ نامے جیسے ماہنامہ راہیؔ،ماہنامہ پرواز،ماہنامہ نباضؔ اور ماہنامہ خیالؔ میں شاکرؔ اورنگ آبادی کے مضامین اور افسانے شائع ہوئے۔ افسانوں میں "ناسور" ، "صبح و شام" اور "یہ مرد" کامیاب افسانے مانے جاتے ہیں۔ انجمن جوانانِ حسینی، ناگپور نے "نفس نبی" کے نام سے ایک شاندار اور ضخیم مجلّہ شائع کیا اس میں شاکرؔ اورنگ آبادی کا ایک مضمون مولانا علی ابن ابی طالب کی شاعری پر بڑا وقیع اور علمی مضمون ہے۔ یہ رسالہ ۱۹۸۱ء میں شائع ہوا اس کے بعد ان کا کوئی مضمون نظر سے نہیں گزرا۔

شاکرؔ صاحب کو دور سے دیکھ لینے اور ان سے ملنے میں بڑا تضاد تھا۔ دیکھئے تو گہرا سانولا رنگ، گول مٹول چہرا، قد ذرا کم مگر چست ضخامت کی طرف مائل، ان پر نظر پڑتے ہی ذہن میں ایک قسم کی گولائی کا تصور ابھر آتا تھا۔ مگر جب ملئے تو لبوں پر تبسم کی باریک لکیر، شستہ لہجہ، صاف الفاظ، نرم دم گفتگو اور سراپا منکسر۔ ان سے مل کر ہمیشہ اپنائیت کا احساس ابھرا۔

ایک زمانہ میں شاکرؔ صاحب کا گھر ناگپور آنے والے ادیبوں اور شاعروں کے لئے ایک آستانہ تھا۔ بہت سے ایسے شاعر اور ادیب جو آگے چل کر قد آور اور نام ور ہوئے ابتدائی ایام میں شاکر صاحب کی مہمان نوازی کا لطف اٹھا چکے تھے، ان کو اس کا چٹخارہ تھا۔ تخلص۔۔۔۔ شاکرؔ۔۔۔ زندگی بھر ساتھ چلتا رہا مگر شاعری بہت پہلے ہی کہیں راستے میں پیچھے رہ گئی۔ یہی حال کچھ سالوں کے بعد نثر کا بھی ہوا۔ قلم سے بھی ناطہ ٹوٹ گیا اور وہ پورے کے پورے تقریر کے ہو کر رہ گئے۔ ان کی تقریروں میں زبان کا رسیلا پن، الفاظ کا جڑاؤ، محاوروں کی کاٹ، فی البدیہہ اشعار کی آرائش اور لطیفوں کی جھالر ہمیشہ سجی رہی لیکن موضوع کا حق برابر ادا کرتے تھے۔ اردو والوں کا کہیں بھی کیسا ہی اجتماع ہو اگر شاکرؔ صاحب نظر آجائیں تو سامعین آس لگالیتے تھے کہ ایک اچھی، شگفتہ اور پر مغز تقریر سننے کو ملے گی۔ قدرت نے انہیں ویسا ملکہ بھی دیا تھا اندر کی آواز میں بڑی لچک اور لئے تھی، لہجے کے اتار چڑھاؤ پر کمال کی مہارت تھی۔ قدرت نے جذبات کی عکاسی کا پورا فن انہیں عطا کر دیا تھا ان کی تقریر میں الفاظ اور لہجہ مل کر جذبے کی پوری پوری تصویر کھینچ دیتے تھے۔ کبھی کبھی تو محسوس ہوتا تھا کہ شاکر اورنگ آبادی اپنے پورے وجود میں آواز ہی آواز ہوں،

وہ آواز۔۔۔۔۔۔جو ذاتی نشستوں میں اپنی شیرنی، شگفتگی اور اپنائیت کی مٹھاس بھرتی رہی۔

وہ آواز۔۔۔۔۔۔جو اپنی مجلسوں میں ایمان اور ایقان کی جوئے نغمہ خواں بنی رہی۔

وہ آواز۔۔۔۔۔۔جو شاعروں میں زبان وبیان کی گل کاریاں کرتی رہی۔

وہ آواز۔۔۔۔۔۔جو ۲۶/ نومبر ۱۹۹۰ء کو شام ۶ بجے ہمیشہ ہمیشہ کے لئے خاموش ہو گئی۔ ایسا بولنے والا انسان چند دنوں بیمار رہ کر ایسی خاموشی سے چلا گیا۔۔۔ چلا گیا اور وہ

بھی ایسی جگہ کہ ۔
مر بھی جاؤں تو نہیں ملتے ہیں مرنے والے
موت لے جاکے خدا جانے کہاں چھوڑتی ہے

(۹) حضرت حکیم شیخ محبوب واقف برہانپوری (مرحوم)

حاجی عبدالجبّار سحرؔ ناگپوری

حکیم شیخ محبوب واقفؔ بُرہانپوری ۸ / فروری ۱۹۰۱ء میں پیدا ہوئے۔ اُنکے والد شیخ قاسم مرحوم ایک نامور زمین دار تھے۔ اور اپنے دور کی معزز ہستیوں میں شمار کیے جاتے تھے۔

حضرت حکیم واقفؔ مرحوم نے اردو، فارسی اور عربی کی تعلیم حکیم علامہ حاذقؔ (مرحوم) ملکہ پوری (جو اُستاد شمشاد لکھنوی، فرنگی محلی کے شاگردِ عزیز تھے) سے حاصل کی۔ آپ کو جہاں شاعری میں مہارت حاصل تھی، وہیں حکمت میں کمال، لہٰذا حضرت واقفؔ نے شاعری اور حکمت کے لئے انہیں کے آگے زانوئے تلمذ تہہ کیا۔

موصوف بہترین شخصیت کے مالک تھے۔ آپ نے ہمیشہ ماحول اور روایت کا احترام کیا۔ اسلیے آپ کی شاعری، روایت سے نہ صرف وابستگی کا، بلکہ مرعُوبیت کا ثبوت فراہم کرتی ہے۔ آپ نے روایتی اسلوب میں اپنی شاعری کا بہترین معیار پیش کیا۔ اور پوری خود اعتمادی کے ساتھ اپنے فن اور فکری صلاحیتوں کو بروئے کار لانے میں اپنی مدد آپ کی۔ ذوق شاعری کا یہ سلسلہ حضرت واقفؔ کی وفات تک قائم رہا۔

اسلیے بزمِ سخن ہو، یا دانشوروں کی محفل، آپ ہر خاص وعام میں قدر کی نگاہوں سے دیکھے جاتے تھے۔ آپ کی عمر کا پورا زمانہ نیک نامی میں گُزرا، صورت وسیرت سے بُزرگانِ سلَف کی یاد تازہ ہو جاتی۔ طبیعت میں حد درجہ وضع داری اور نفاست تھی۔ دلکش شخصیت، سلیقے کا لباس، دکنی وضع کی شیروانی آپکی بزرگی میں چار چاند لگا دیتے تھے۔

عمر کے آخری حصّے میں کینسر کے مرض میں مبتلا ہوئے۔ ناگپور میں علاج کے باوجود افاقہ نہیں ہوا۔ تو ڈاکٹروں کے مشوروں پر علاج کے لئے بمبئی گئے۔ مگر مرض بڑھتا گیا، جُوں جُوں دوا کی۔ اور پھر زندگی کا آخری سفر تمام ہوا۔ ۱۷/ نومبر ۱۹۶۶ء جمعرات کے دن اپنے خالق حقیقی سے جا ملے، مقام ناریل باڑی (بھائیکلہ) کے قبرستان میں سُپردِ خاک کیے گئے۔

اپنے پیچھے تین لڑکے اور ایک لڑکی چھوڑ گئے۔ دوسرے نمبر کے (درمیانی) فرزند شیخ اسمٰعیل واقفؔ تین سال پہلے داغِ مفارقت دے گئے۔ اِس وقت اُنکے بیٹوں میں جناب ڈاکٹر شیخ ابراھیم واقف ہیں جو N۔M۔C۔ میں میڈیکل آفیسر کے عہدے سے ریٹائیرڈ ہو چکے ہیں۔ اور سب سے چھوٹے بیٹے شیخ اسحاق واقف بقید حیات ہیں اور خوشگوار زندگی گزار رہے ہیں۔

آپ کا مجموعۂ کلام " نبض کونین " آپکی حیات ہی میں مکمل ہو چکا تھا۔ جس پر حضرت ابر احسنی (مرحوم) نے آپکی شاعری پر تبصرہ لکھا ہے۔ اور " نبض کونین " کا پیش لفظ استاذالاساتذہ، فخر المتاخرین پیر مغانِ خم خانۂ سخن حضرت مولانا ناطقؔ گلاوٹھی نے تحریر کیا ہے۔ جو فرماتے ہیں:

حکیم شیخ محبُوب واقفؔ برہانپوری میرے ایک خاص کرم فرما ہیں۔ اور مجھے بھی اُن سے کافی محبت اور لگاؤ ہے۔ آپ اپنے بُلند اخلاق اور کامیاب طبابت کی بدولت ناگپور میں کافی مقبُول ہیں۔ آپکی عام ہمدردی کا دہ عالم ہے کہ امیر و غریب جو آپکے پاس کسی غرض سے آتا ہو۔ مستفیض ہی ہو کر جاتا ہے۔

واقفؔ صاحب کی حدِ علمی، قابلیت بہت اچھی ہے۔ اور آپ کی خصوصیت یہ ہے کہ ہمیشہ تحصیل علم کے شوق میں رہتے ہیں۔ موصوف ناگپور کے ایک مقبول شاعر بھی ہیں۔

میرا تجربہ ہے کہ شہر کے کچھ بد مذاق لوگ اچھی اور قابل ہستیوں کو ہمیشہ دبانے کی کوشش کرتے ہیں۔ جس سرگرمی کا میں خود یہاں ۵۰ برس رہ کر شکار رہا ہوں۔ تو حکیم صاحب کے ساتھ بھی یہاں یہی ہوا۔ آپ کو فنِ شاعری سے بے دل اور دُور کرنے کی کوشش کی گئی۔ میں حکیم صاحب کے مقام کو جانتا ہوں۔ خدا کا شُکر ہے۔ موصوف کے کلام میں بہت کچھ ایسا سرمایہ ہے جو نہ صرف قابل قدر ہے بلکہ اپنی خوبیوں کی بدولت، میں سمجھتا ہوں کہ اُنکے بہت اشعار زندہ وجاوید ہو کر رہیں گے۔

"مشک آنست کہ خوُد بگوید"، نمونہ کلام ملاحظہ فرمائیں:۔

مانگ کا بوسہ نہ دینا غیر کو
پہلے ہم لینگے ہماری مانگ ہے

تو مالکِ ازل ہے خداوندِ حشر ہے
آغاز کا حکیم تو انجام کا حکیم

میری طرف علاج ہے تیری طرف شفا
میں نام کا حکیم ہوں تو کام کا حکیم

ایک طوفاں محبت کا رگ رگ میں ہے
یم بہ یم، جُو بہ جُو، تندرَو موجزن

کبھی جب سُست گامی آگئی ہے
مجھے منزل نے خود آواز دی ہے

لباسِ گل ہو یا پوشاک انجم
تمہیں میری نظر پہچانتی ہے

مجھے اظہارِ غم کی کیا ضرورت

نگاہِ یار سب کچھ جانتی ہے
خوشی میں اپنے، بیگانے نہیں ہوتے
حقیقت غم کی منزل پر کھلی ہے
کیا ہے عجب ہر تارے میں ہو
جیسی تہہ افلاک ہے دُنیا
دُور جھٹک دیتی ہے سب کو
پھر بھی گلے کا ہار ہے دُنیا
انساں اِس سے پیٹھ نہ ٹیکے
گرتی ہوئی دیوار ہے دُنیا
سینے کے زخم، داغِ جگر، دل کے آبلے
سب کو ملا کے ایک گلستاں بنایئے
آخری شعر:
طوافِ ماہ و انجم، سوزِ باطن کا نتیجہ ہے
بشر کو آسماں پر لے اُڑی سینے کی چنگاری
ایسے لاتعداد اشعار ہیں جو حکیم واقفؔ مرحوم کی "نبض کونین" کی زینت بنے ہیں۔

(۱۰) شاعر ہمہ صفات - حضرت جلیل سازؔ

ڈاکٹر محمد اظہر حیات

(یہ مقالہ ۲۰/ویں ماہانہ شعری نشست مورخہ ۲۵/اگست ۲۰۰۷ء کو پڑھا گیا)

حضرت جلیل سازؔ وسطِ ہند کے معتبر شعراء میں شمار کیے جاتے ہیں ۷/اگست ۲۰۰۷ء کو جب ان کی رحلت ہوئی تو وہ اپنی زندگی کے ۷۶ سرد گرم موسم دیکھ چکے تھے۔ وہ جیے اور بھر پور جیے۔ زندگی کے نشیب و فراز سے گزرے، قسمت کی ستم ظریفیاں جھیلیں، تقدیر کی یاوری کے لطف اٹھائے۔ ناگپور میں بے شمار ادبی علمی چپقلش کے روح رواں رہے۔ سماجی وثقافتی سرگرمیاں برپا کیں اور اس کے محور و مرکز رہے۔

جلیل سازؔ مرحوم کہنہ مشق شاعر تھے۔ انھوں نے دشتِ ادب میں عرصۂ دراز تک سیّاحی کی۔ اس طویل سفر میں انھوں نے محض شاعری نہیں کی بلکہ شاعروں کی ایک نسل کی ادبی و شعری تربیت بھی کی۔ اس اعتبار سے وہ ایک ایسے مرکز و سرچشمہ تھے جہاں سے تشنگانِ شعر و ادب حسبِ استعداد سیراب ہوتے۔ وہ دنیائے ادب میں استادی و شاگردی کے رشتے کی قدر کرتے تھے۔ یہ روایت ناگپور میں ان کے دم سے زندہ بھی تھی۔

جلیل سازؔ کو میں تب سے جانتا ہوں جب میں ۷ یا ۸ برس کا تھا۔ مجھے خوب یاد ہے ڈھیلا ڈھالا سفید قمیض پائیجامہ پہنے لمبے لمبے پیروں سے چھوٹے چھوٹے قدم اٹھاتے جلدی جلدی چلتے وہ ہمارے گھر کے سامنے سے جاتے آتے تھے۔ وہ ہمارے گھر کے قریب مومن بنکر کو آپریٹیو سوسائٹی میں معمولی تنخواہ پر کلرک تھے۔ اس لیے ان کا آنا جانا روز کا

معمول تھا۔ کبھی کبھار میرے والد صاحب کو سلام بھی کر دیتے اور والد صاحب بڑے تپاک سے ان کے سلام کا جواب دیتے۔ ایک روز میں نے والد صاحب سے پوچھ لیا ابّا جی یہ کون صاحب ہیں؟ انھوں نے کہا ان کا نام جلیل سازؔ ہے۔ اچھے شاعر ہیں۔

"اچھے شاعر ہیں" میرے تحت الشعور میں چپک کر رہ گیا۔ گویا ۷۔۸ سال کی عمر میں میرا ان کا تعارف ہو گیا۔ اس کے بعد تو جلیل سازؔ صاحب سے میری ملاقات ہر رہ گزر پر ہونے لگی۔

قریبی رشتہ داروں میں شادیاں ہوتیں وہ سربراہی کرتے نظر آتے۔ مشاعرہ ہوتا تو وہاں کرسیِ صدارت پر جلوہ افروز ہوتے۔ تعلیمی جلسوں میں مہمانانِ خصوصی کے صف میں ہوتے اور کبھی سیاسی پارٹی کے جلسوں میں تقریر کرتے نظر آتے گویا ہر جگہ جلیل سازؔ کا نام سننے کو ملتا۔

۱۹۶۹ء میں جب وہ ناگپور کارپوریشن کے وارڈ الیکشن میں کھڑے ہوئے تو دیگر بچوں کے ساتھ میں بھی گلی گلی "ساز صاحب کو ووٹ دو" کے نعرے لگاتے پھرتا رہا۔ ہم نے ان کے لیے خوب محنت کی نتیجہ آیا ساز صاحب کثیر ووٹوں سے وارڈ کے ممبر منتخب ہو گئے۔ پھر وہ پانچ سال تک ہمارے وارڈ کے معزز ممبر رہے۔ مجھے بہت بعد میں معلوم ہوا کہ انھوں نے صرف آٹھویں کلاس تک ہی تعلیم حاصل کی تھی۔ ان کی تحریر پڑھ کر یا ان کی تقریر سن کر یا ان سے گفتگو کر کے اندازہ ہوتا تھا کہ وہ ڈگریاں رکھتے ہونگے۔

سازؔ صاحب ہمہ جہت صلاحیتوں کے مالک تھے۔ ان کی شخصیت پرکشش اور جاذب نظر تھی وہ بلا کے معاملہ فہم تھے۔ سنجیدگی اور متانت ان کے بشرے سے ظاہر ہوتی تھی۔ ان کا قد ایسا تھا کہ سیکڑوں میں الگ پہچانے جاتے تھے۔ مطالعہ وسیع تھا اور حافظہ غضب کا پایا تھا، غالبؔ، اقبالؔ، جگرؔ، فیضؔ، سیمابؔ، ساحرؔ اور شکیلؔ بدایونی کے بے شمار

اشعار انہیں ازبر تھے۔ وہ اکثر کہتے تھے میاں خوش بختی اور اکتساب علم بزرگوں کی صحبت کا فیض ہوتا ہے جو مجھے نصیب ہوا۔

ایک زمانے میں سازؔ صاحب کی تحریر کردہ 'بدائی،، "چلی میکے سے دلہن دے کے صدرنج و محن" کی مقبولیت کا یہ عالم تھا کہ جب تک یہ پڑھی نہ جاتی تب تک دلہن وداع ہی نہیں ہوتی تھی۔ اس کے پڑھنے والوں کی مخصوص جماعت ہوتی جو پرسوز ترنم کے ساتھ اس وداعی کو پڑھتے تو سارا ماحول غمگین ہو جاتا اور گھر ماتم کدہ بن جاتا کیا مرد کیا عورتیں، بچے بوڑھے دھاڑیں مار مار کر روتے تھے۔ ایک روز میں نے سازؔ صاحب سے پوچھا حضرت آپ نے یہ وداعی گیت کس عالم میں لکھا تھا کہنے لگے عالم والم تو کچھ نہیں تھا بلکہ یہ تو میں نے اپنے چھوٹے بھائی وکیل پرویز کی شادی کے موقع پر اسکی بیوی کے میکے والوں کی فرمائش پر لکھا تھا۔ مجھے بھی گمان نہیں تھا کہ یہ گیت اس قدر مقبول ہو جائے گا۔ سچ تو یہ ہے کہ یہ وداعی گیت زبان وبیان کے اعتبار سے ایسا مرصّع اور پر اثر ہے کہ اگر سازؔ صاحب صرف یہ گیت لکھ کر ہی چلے جاتے تو ناگپور کی ادبی تاریخ میں اپنا نام درج کرا جاتے۔

سازؔ صاحب کے کاموں پر غور کرو تو احساس ہوتا ہے کہ اگر وہ صرف یہی کام کر جاتے تو امر ہو جاتے۔ دیکھئے انھوں نے لڑکیوں کے لیے ڈاکٹر ذاکر حسین کے نام سے ایک ڈی ایڈ کالج کی بنیاد رکھی جسکے ذریعے سیکڑوں نہیں ہزاروں بچیوں نے ڈی ایڈ کیا اور برسر روزگار ہوئیں۔ آج ۳۰۔۳۵ سال قبل لڑکیوں کے لیے کالج کھولنا گناہ کے برابر سمجھا جاتا تھا۔ سماج میں کالج کے معنی محض عیاشی کا اڈّہ گردانہ جاتا تھا۔ سازؔ صاحب نے سماج کے ان طعنوں کی پرواہ بھی نہ کی اور ڈی ایڈ کالج قائم کر دیا جو آج بھی شان سے جاری ہے۔ اگر ہم کہیں کہ سازؔ صاحب صرف یہی کام کر کے دنیا سے رخصت ہو جاتے تو اہل

ناگپور ان کے احسان کو کبھی نہ بھولتے۔

ان میں انتظامی صلاحیتیں بھی خوب تھیں وہ بیک وقت ڈی ایڈ کالج کے صدر کے ساتھ مجیدیہ گرلز اسکول ناگپور کی مجلس انتظامیہ کے صدر، اور یعقوبیہ مدرسہ مومن پورہ کے سکریٹری بھی تھے۔ اس کے علاوہ شہر کی بے شمار ادبی و سماجی سرگرمیوں سے وابستہ تھے۔

سازؔ صاحب سادہ مزاج، مخلص اور ملنسار تھے۔ ان میں غرور نام کو نہیں تھا۔ وہ ہر خاص و عام سے یکساں پیش آتے۔محلّے کے لڑکوں سے ایسی بات کرتے گویا وہ ان کے ہم راز ہوں۔ ان کا ذہن ہمیشہ ادبی، علمی، تعلیمی و سیاسی سرگرمیاں کرنے پر آمادہ ہوتا۔ در اصل ناگپور میں بیشتر سماجی و ثقافتی سرگرمیاں ان کے دم سے رواں دواں تھیں۔ رمضان کا مہینہ آتا۔ مومن پورہ میں گہما گہمی اور چہل پہل اپنے شباب پر ہوتی اس عالم میں نوجوان لڑکوں کی ٹولی "قصیدہ" پڑھنے نکلتی۔ فلمی دھن اور طرز پر حالاتِ حاضرہ پر چوٹیں ہوتیں۔ بیشتر قصیدے سازؔ صاحب کے تحریر کردہ ہوتے جو رات میں پڑھے جاتے اور راتوں رات پورے شہر میں مشہور ہو جاتے۔انہوں نے دلہوں کے لیے سہرے بھی خوب لکھے۔ اگر ان سہروں، قصیدوں، وطن کے گیتوں اور قومی نظموں کو یکجا کر دیا جائے تو سازؔ صاحب کی شاعری کے حوالے سے سماجی منظر نامہ بھی مرتب ہو سکتا ہے۔

انھیں اردو اور اردو کے لکھنے والوں سے والہانہ محبت تھی۔ وہ شہر کے لکھنے والوں کی ہمت افزائی کرتے۔ میری کتاب "حافظ ولایت اللہ حافظ حیات و خدمات" شائع ہوئی تو میں نے اسکی ایک جلد ان کی خدمت میں پیش کی۔ فوراً جیب سے ۱۰۰ روپیہ نکالے اور مجھے عنایت کیے میں نے کہا حضرت اس کی ضرورت نہیں ہے کہنے لگے دیکھو جب کبھی کوئی مصنف یا شاعر کتاب دے تو اس کا ہدیہ ضرور دیا کرو۔ ہاں ایک زمانہ تھا کہ میری مالی

حالت اس قدر خستہ تھی کہ مجھے کتابیں مانگ کر پڑھنی پڑتی تھیں مگر اب تو اللہ کا فضل و کرم ہے۔ میں نے کہا حضرت اسکی قیمت تو صرف ۴۰ روپیہ ہے کہنے لگے میں قیمت کب دے رہا ہوں۔ ہدیہ قبول کرو۔ اور زبردستی میری جیب میں سو کا نوٹ ڈال دیا۔

مہاراشٹر اردو اکادیمی کے زیر اہتمام اردو طنز و مزاح پر ایک سیمینار تھا۔ بڑے بڑے اشتہارات شہر میں چسپاں تھے۔ شفیقہ فرحت، زہرہ موڈک، ڈاکٹر شیخ رحمن آکولوی اس میں شامل تھے۔ سازؔ صاحب اس کے کنوینر تھے۔ میں نے سازؔ صاحب سے سرِ راہ یوں ہی کہہ دیا کہ سازؔ صاحب میں بھی طنز و مزاح لکھتا ہوں آپ مجھے بھول گئے کہنے لگے ہاں بابا تمہارا نام رہ گیا۔ لیکن تم اپنی تحریر ضرور پڑھو گے اور پھر شام میں میرے نام علیحدہ سے ایک دعوت نامہ خود لے کر آئے اور اصرار کیا کہ تمھیں اس سیمینار میں ضرور شرکت کرنی ہے۔

سازؔ صاحب کا مجموعۂ کلام "نگاہ" ۲۰ / اگست ۲۰۰۶ء کو منظرِ عام پر آیا۔ اجراء کی تقریب ہندی مور بھون سیتا بلڈی میں تزک و احتشام سے منعقد کی گئی۔ کامریڈ اے بی بردھن کے ہاتھوں اجراء ہوا۔ محترم شمیم فیضی دہلی سے، شگوفہ کے مدیر مصطفےٰ کمال حیدر آباد سے اور ہارون بی۔ اے مالیگاؤں سے اور عبد الاحد ساز بمبئی سے بطور خاص تشریف لائے تھے۔ اسی دن کثیر الاشاعت مراٹھی روزنامہ "دیش اُنّتی" میں ساز صاحب کی شخصیت اور شاعری پر میں نے ڈاکٹر کرن دھوڑ کے تعاون سے ایک مضمون مراٹھی میں لکھا جو اسی دن شائع ہوا۔ دیکھ کر بہت خوش ہوئے کہنے لگے جو کام اردو والے نہ کر سکے مراٹھی والوں نے کر دکھایا۔

سازؔ صاحب کی شخصیت کو ان کی شاعری سے جدا نہیں کیا جا سکتا۔ ان کی زندگی کا بنظر غائر جائزہ لیا جائے تو یہ بات معلوم ہوتی ہے کہ ان کی شاعری دراصل ان کی شخصیت

کا آئینہ ہے۔ ان کے کلام میں عصری آگہی کا عنصر بدرجہ اتم موجود ہے۔ ان کی غزلوں میں گرد و پیش کی زندگی کا گہرا مشاہدہ ملتا ہے۔ وہ فلسفی نہیں تھے اور نہ ہی فلسفیانہ شاعری کرتے تھے۔ سیدھی سادی زبان میں بات کہتے۔ سماجی زندگی کی ناہمواری، استحصال، جبر و ستم، فرقہ وارانہ کشیدگی اور ہمارے سماج و معاشرے کی بے بسی ان کی شاعری کا موضوع تھے۔

میرے ان دعوو،ں کو پرکھنا ہو تو ان کے مجموعہ کلام "نگاہ" پر نظر ڈالیے جہاں پر غزل میں ایسے اشعار ضرور مل جائیں گے جو نگاہ کے ذریعے دل میں اتر جانے کی صلاحیت رکھتے ہیں۔ تاہم اشعار ملاحظہ فرمایئے:

بساط یہ ہے کہ بس ایک مشتِ خاک ہیں ہم
کمال یہ ہے کہ کون و مکاں پہ چھائے ہیں
تمھیں خوشی کی تمنّا تھی، سو ملی تم کو
خدا نے بخشی متاعِ غمِ حیات مجھے
ملو تو سازِ خلوص اور سادگی سے ملو
نہیں پسند یہ بے جا تکلّفات مجھے
الگ یہ بات کہ میں ہنس نہیں پایا ہوں برسوں سے
مری تقدیر لیکن مجھ پہ اکثر مسکراتی ہے
کوئی آئے گا آکر زندگی میں رنگ بھر دے گا
یہی امید ہر انسان کو جینا سکھاتی ہے
انہیں سمٹتی ہوئی زندگی کا علم نہیں
بڑے گھروں میں جو سوتے ہیں پاؤں پھیلا کر

میں اپنے عہد سے آنکھیں چرا نہیں سکتا
تری یہ ضد کہ فقط میری سمت دیکھا کر
عشق وہ چیز ہے واعظ تجھے معلوم نہیں
ہوش مندوں کو یہ دیوانہ بنا دیتا ہے

"نگاہ" میں ایسے اشعار کی تعداد بے شمار ہے جسے سنبھال کر رکھا جانا چاہئے۔

سازؔ صاحب نے منہ پھٹ ناگپوری کے نام سے بھی طنز و ظرافت کے پیرائے میں دل کے پھپھولے پھوڑے ہیں۔ اب ناگپور کے ادبی حلقوں کی ذمہ داری ہے کہ سازؔ صاحب کے مزاحیہ کلام کو سنجیدگی سے یکجا کر کے کتابی صورت میں شائع کروائیں۔ سازؔ صاحب اس معاملہ میں قدرے سست واقع ہوئے تھے۔۷/اگست ۲۰۰۷ء کو سازؔ ہمیشہ کے لیے خاموش ہو گئے۔ مگر سازؔ کے نغمات ہنوز زندہ ہیں اور آئندہ بھی زندہ رہیں گے۔

بقول سازؔ مرحوم:

یہ زندگی ہے سفر، صرف چند سانسوں کا
طویل اس کی مگر داستان کتنی ہے

(۱۱) حضرت پیر غلام سالم، عرف سالمؔ ناگپوری کے شعری محاسن

وکیل نجیب

۲۸ / جولائی ۲۰۰۷ء کو حضرت سالمؔ بھی ہم سے جدا ہو کر عالمِ ارواح کی سمت روانہ ہو گئے۔ ناگپور کے ادبی ماحول سے ایک اور ادبی و علمی شخصیت نے اپنا تعلق توڑ لیا۔ حضرت شارقؔ جمال، جناب شاہد کبیر، پروفیسر سیّد یونسؔ کے بعد سالمؔ ناگپوری کا انتقال ایک ایسا ادبی المیہ تھا جس نے شہر ناگپور کی ادبی محفلوں کو سونا کر دیا۔ (یہاں میں نے جلیل سازؔ کا نام شامل نہیں کیا ہے کیوں کہ سازؔ صاحب کا انتقال جناب سالمؔ کے بعد ہوا ہے)۔

حضرت سالمؔ ناگپوری نعت کے ایک شعر کے حوالے سے پوری دنیائے اردو ادب میں ہمیشہ ہمیشہ یاد کئے جائیں گے۔ نعت کا وہ شعر اِس طرح ہے کہ۔

اک نام مصطفٰےؐ ہے جو بڑھ کر گھٹا نہیں ورنہ ہر اک عروج میں پنہاں زوال ہے

جو لوگ حضرت سالمؔ ناگپوری کو قریب سے جانتے ہیں وہ اچھی طرح جانتے ہیں کہ حضرت نام و نمود کی تمنّا اور شہرت و ناموری کی آرزو کے بغیر نہایت خاموشی سے ادب کی خدمت کرتے رہے۔ نہ ستائش کی تمنّا تھی اور نہ ہی کبھی صلے کی پرواہ کی۔ اچھّے خاصے آسودہ حال زندگی گزارنے والے چند شعراء گھس پیٹھ کر کے یا خوشامد و چاپلوسی سے سرکاری وظائف حاصل کرنے میں کامیاب ہو گئے لیکن سالمؔ ناگپوری صاحب کنجِ تنہائی

میں صرف اور صرف خدا کے بھروسے اپنی زندگی کے دن گزارتے رہے اور بالآخر ۲۸ / جولائی کو اس عالم بقا کی طرف کوچ کر گئے۔

حضرت سالمؔ ناگپوری نے اپنے پیچھے تلامذہ کی کثیر تعداد بھی نہیں چھوڑی کہ اُنکے لیے ان کی زندگی میں یا بعد از مرگ کچھ کرتے لہٰذا ناگپور کی سرزمین پر نمودار ہونے والا ادب کا یہ جیّد عالم ایک طرح سے گُمنامی کے کٹھرے میں روپوش ہو گیا۔ ویسے بھی ناگپور کی ادبی فضا میں یہ ہوتا آیا ہے کہ "جو چلا گیا اسے بھول جا" اور اسی روایت کو برقرار رکھا جاتا ہے۔ جناب شارقؔ جمال، جناب شاہد کبیرؔ اور جناب پروفیسر سیّد یونسؔ صاحب کے ساتھ بھی یہی ہوا۔ میں اس کمیٹی کے اراکین کو مبارکباد دیتا ہوں کہ اس ماہانہ شعری نشست میں اعلیٰ پیمانے پر نہ سہی چھوٹے پیمانے پر ہی مرحومین کو یاد تو کر لیا جاتا ہے۔

جہاں تک جناب سالمؔ ناگپوری کی شاعری کا تعلق ہے تو موصوف نے ہر صنف سخن میں طبع آزمائی کی اور خوبصورت شاعری کی۔ حمد، نعتیں، منقبت، تضمینات، قومی گیت، مرثیے نوحے، قطعات، رباعیات، نظمیں، پوربی زبان کے پچڑے اور رمضانُ المبارک میں پڑھے جانے والے قصیدے ہر صنف میں طبع آزمائی کی اور داد و تحسین سے نوازے گئے۔ رہی بات غزل کی تو پچھلی کئی دہائیوں سے غزل تمام ہی شعراء کی پسندیدہ صنف رہی ہے لہٰذا جناب سالمؔ نے بھی غزلیہ شاعری میں بہت سی یادگار غزلیں کہی ہیں۔

غزل کا دامن بہت وسیع ہے۔ بس یہ سمجھ لیجئے کہ ادب کا ایک سمندر ہے بلکہ سار سمندروں کا ایک سمندر ہے جس سے ہر شاعر اپنی مرضی و منشاء کے مطابق، اپنی ضرورت کے مطابق، اپنی استطاعت کے مطابق کچھ نہ کچھ لیتا رہتا ہے اور قارئین و سامعین کو دیتا رہتا ہے۔ آج اردو دنیا میں غزل گو شعراء کی تعداد شمار کی جائے تو لاکھوں سے تجاوز کر جائے گی۔ اردو کا کوئی اخبار ہو یا رسالہ اردو غزلوں سے سجا ہوا نظر آتا ہے۔ ہر شاعر اس

صنف میں طبع آزمائی کرنے میں لگا ہوا ہے حسرت سے کہ برسوں سے جاری اس کی طغیانی میں کسی طرح کی کمی نہیں ہونے پا رہی ہے۔ چھوٹے بڑے مشاعرے ہو رہے ہیں۔ دیوان شائع ہو رہے ہیں۔ گوشے اور نمبر شائع ہو رہے ہیں۔ کیا ہند، کیا پاکستان، کیا سعودی عربیہ، کیا عرب امارات، کیا امریکہ کیا روس، کیا انگلینڈ کیا فرانس، دنیا کا ہر وہ ملک جہاں چند ایک بھی اردو بولنے والے ہیں شاعری ہو رہی ہے۔ اور زیادہ تر شعراء غزل گوئی میں اپنی ذہنی اور کچھ حد تک جسمانی توانائی خرچ کرتے رہتے ہیں پھر بھی غزل کے دامن کی تنگی کبھی محسوس نہیں کی جاتی۔ اردو کی سب سے سہل اور سب سے آسان صنف بن کر رہ گئی ہے غزل۔

جہاں تک اساتذہ کا تعلق ہے انھوں نے غزل میں نئی بات کہنے کی کوشش کی ہے۔ صرف ردیف اور قافیے ہی برت کر الگ نہی بدلے گئے ہیں۔ ایسے ہی غزل گو اساتذہ میں حضرت سالمؔ ناگپوری کا بھی شمار ہوتا ہے۔ جوہر جسے انگریزی میں ATOM کہا جاتا ہے ایک زمانے تک یہ محسوس کیا جاتا رہا کہ کسی بھی عنصر کا یہ ناقابل تقسیم ذرّہ ہے۔ لیکن سائنس دانوں نے اپنے تجربات سے یہ بات ثابت کر دی کہ جوہر کو بھی تقسیم کیا جاسکتا ہے کیونکہ جوہر تین دیگر چھوٹے ذرّات سے مل کر بنا ہوتا ہے جسے علمِ کیمیا کی زبان میں الیکٹرون نیوٹرون اور پروٹون کہا جاتا ہے اور جب یہ ذرّات ایٹم سے الگ ہو جا تے ہیں تو زبردست توانائی پیدا ہوتی ہے اور جوہر اپنا وجود کھو دیتا ہے جناب سالمؔ ناگپوری حالانکہ سائنس داں نہیں تھے لیکن لفظ جوہر کی اہمیت سے واقف تھے اسی لئے آپ نے اپنے ایک شعر میں کیا خوبصورت بات کہی ہے ملاحظہ فرمائیں۔

داغِ دل، زخمِ جگر، خونِ تمنّا، شبِ غم
جوہرِ عشق کی تقسیم ہے ان چاروں میں

عشق ایک جوہر ہے اور یہ جوہر ایسا ہے کہ اگر اس کا اشتقاق کیا جائے تو یہ اپنے اجزاء میں تقسیم ہو جائے گا اور اس کے اجزاء ہیں داغِ دل، زخمِ جگر، خونِ تمنّا اور شبِ غم۔ سائنس کے اس عمل سے استفادہ کرتے ہوئے غزل کے اس شعر میں حضرت سالمؔ نے لفظ جوہر نہایت خوبصورت طریقے سے برتا ہے۔ ویسے جوہر اپنے اندر معانی کا جہان رکھتا ہے اور اسے الگ الگ مفہوم میں خوبصورت طریقے سے بیان کیا جا سکتا ہے۔

جس طرح جوہر کے تین اجزاء ہوتے ہیں جنہیں جوہر کو توڑ کر الگ الگ کیا جا سکتا ہے اسی طرح ایک زمانے تک یہ تصوّر رہا کہ جانداروں کا جسم بھی چار عناصر سے مل کر بنا ہے۔ خاک، آگ، پانی اور ہوا۔ مرنے کے بعد جاندار کا جسم انھیں چار اجزاء میں تقسیم ہو جاتا ہے جیسا کہ جنابِ چکبست نے اپنے ایک شعر میں کہا ہے۔

زندگی کیا ہے؟ عناصر میں ظہورِ ترتیب
موت کیا ہے انہیں اجزاء کا پریشاں ہونا

یہ تصوّر سراسر مادّیت پرستی کی طرف اشارہ کرتا ہے۔ یہاں پر روح کا کوئی تصوّر نہیں ہے۔ روح کا کہیں وجود نہیں ہے۔ لیکن اسلامی نظریے کے مطابق انسان کا جسم اسی وقت تک زندہ رہتا ہے جب تک روح اس میں موجود ہوتی ہے۔ روح جسم سے الگ ہوگئی تو جسم پھر مٹّی کا ڈھیر ہے۔ اس روح کا تعلق ایک ایسی دنیا سے ہے جہاں کبھی نہ فنا ہونے والی زندگی کی شروعات ہوگی۔ روح کی موجودگی کو ہندو دھرم کے لوگ بھی مانتے ہیں۔ جسم کے ختم ہوتے ہی آتما کسی اور جاندار میں منتقل ہو جاتی ہے۔ لیکن اسلام نے یہ بتایا ہے کہ مرنے کے بعد ہر انسان کی روح عالمِ ارواح میں چلی جاتی ہے جہاں وہ قیامت تک رہے گی اور قیامت کے بعد پھر سے تمام انسانوں کو ان کی اصلی شکل و صورت میں زندہ کیا جائیگا۔ روح ان کے جسم میں داخل کر دی جائے گی اور اعمال کے حساب سے

انہیں جنّت یا جہنّم میں داخل کیا جائیگا۔ جہاں انہیں ہزاروں لاکھوں سال تک رہنا ہے۔اسی بات کو جناب سالمؔ ناگپوری نے کیسی خوبصورتی سے اپنے ایک شعر میں بیان کیا ہے۔

شروع ہو گی اسی دن سے حقیقی زندگی سالمؔ
ہماری روح جس دن جسمِ خاکی سے جدا ہو گی

زندگی ایک امتحان گاہ ہے جیسا جو عمل کرے گا اسی حساب سے بعد از مرگ اسے اپنی زندگی گزارنی ہو گی اور وہی زندگی اصل زندگی ہے۔یہ زندگی تو عارضی ہے۔فانی ہے۔غزل کو محبوب سے بات چیت کی صنف کہا جاتا ہے۔ابتداء میں شاعروں نے غزل کو اسی طرح برتا ہے لیکن اب تو غزل ہر مضمون کو اپنے اندر سمو لیتی ہے۔لیکن آج بھی جب غزل کے اشعار میں حسن و عشق کی بات ہوتی ہے تو شعر دل میں سوز و گداز کی کیفیات پیدا کر دیتا ہے۔دیکھئے جناب سالمؔ نے غزل کا کیا خوبصورت شعر کہا ہے۔

نظر جو آتے کہیں وہ ہم کو یہ عرض کرتے سلام کر کے
ہمیں سے پردہ، ہمیں سے دوری، ہمارے دل میں قیام کر کے

قدیم اور جدید شعراء نے اپنی غزل کے اشعار میں۔" تصویر " کو نہایت خوبصورتی سے استعمال کیا ہے مثلاً۔

تیری صورت سے نہیں ملتی کسی کی صورت
ہم جہاں میں تری تصویر لئے پھرتے ہیں

یا

تصویر تری دل میرا بہلا نہ سکے گی

یا

چند تصویر بتاں چند حسینوں کے خطوط

بعد مرنے کے مرے دل سے یہ ساماں نکلا

جناب سالمؔ ناگپوری نے تصویر کو اپنی غزل کے ایک شعر میں نئے انداز سے پیش کرنے کی کوشش کی ہے۔ ملاحظہ فرمائیں۔

رخ بدل سکتے نہیں آنکھ چرا سکتے نہیں

کتنے مجبور نظر آتے ہو تصویر میں تم

آج کل پوری دنیا میں مسلمانوں پر مصیبتیں نازل ہو رہی ہیں۔ ہم دیکھ رہے ہیں عراق میں مسلمان مسلمان سے بر سرِ پیکار ہے افغانستان میں بھی یہی کچھ ہو رہا ہے۔ پاکستان بھی اس سے بچا ہوا نہیں ہے۔ فلسطین میں جو کچھ ہو رہا ہے ہو کسی سے پوشیدہ نہیں۔ لبنان اور روس سے الگ ہونے والے ممالک چیچینیا اور ازبکستان بھی انھیں حالات سے دوچار ہیں۔ اس کی بنیادی وجہ یہ ہے کہ مسلمانوں میں اتّحاد و اتّفاق نہیں ہے۔ اسلام نے مسلمانوں میں اتّحاد و اتّفاق پر بہت زور دیا ہے اور قرآن شریف نے تنبیہ کی ہے کہ " اگر تم نے آپس میں اتّحاد نہ رکھا تو تمھاری ہوا اکھڑ جائے گی" اتّحاد کی قوت مسلمانوں میں موجود نہیں ہے اس لئے جگہ جگہ مسلمانوں کی ہوا اکھڑتی جا رہی ہے۔ جناب سالمؔ ناگپوری نے بھی اپنے ایک شعر میں اسی عالمگیر حقیقت کو بیان کیا ہے۔

رہو یاروں جو مل کر لائق فضل خدا تم ہو

اگر الجھے رہے یونہی تو آپ اپنی قضا تم ہو

حضرت سالمؔ کی مکمل زندگی ایک گوشہ نشین شاعر کی زندگی تھی۔ سردار گلی میں آپ کا مکان آپ کی تمام تر کاوشوں کا مرکز تھا۔ حضرت نہ تو کسی پان کے ٹھیلے پر نہ ہی کسی ہوٹل میں اور نہ ہی کسی دوکان میں بیٹھ کر وقت گزاری کرتے تھے۔ اذان ہوتی تو تکیہ

دیوان شاہ کی مسجد میں چلے جاتے نماز ادا کر کے پھر سے اپنے ٹھکانے پر واپس آ جاتے۔ حضرت کی آخر آخر عمر میں کسی سے ایسی دوستی بھی نہیں تھی جس کے ساتھ چہل قدمی کرتے یا کھلے ماحول میں اپنا وقت گزارنے کے لئے نکل پڑتے۔ یہی کہا جا سکتا ہے کہ وہ قناعت پسند اور وضع دار آدمی تھے۔ قناعت پسند کہنا اس لئے بھی صحیح ہے کہ چاہے شاعری کا معاملہ ہو یا کاروبار یا اولاد کی تعلیم و تربیت کا، ہر معاملہ میں آپ نے رضائے خداوندی کو فوقیت و اوّلیت دی۔ یہی وجہ ہے کہ آبائی مکان وقت کے ساتھ ساتھ چھوٹے چھوٹے کمروں میں تقسیم ہوتا چلا گیا۔ ان کمروں سے حاصل ہونے والا کرایہ ہی گزر بسر کے لئے ایک بڑا سہارا تھا۔ آپ کا کوئی بھی بچّہ اونچی تعلیم حاصل نہیں کر سکا اس کا نتیجہ یہ ہوا کہ جو جہاں adjust ہوا وہیں کا ہو کر رہ گیا۔ قناعت پسندی کو پسند کیا اور اچھی چیزوں کی آرزو کو تو بالائے طاق رکھ دیا اور اسی مفہوم کو ادا کرتے ہوئے انہوں نے یہ شعر کہا ہے جو ان کے حسب حال ہے۔

وہ بزم ہے بزم غیر فانی، تجھے مناسب ہے فکر فردا یہ انجمن تو فنا ہے سالمؔ، یہاں پہ کیا ہو گا نام کر کے

جناب سالمؔ ناگپوری نے اچھا خاصہ شعری سرمایہ چھوڑا ہے جسکا کتابی شکل میں شائع ہو کر منظر عام پر آنا اس لئے ضروری ہے کہ نئے شعراء کو ہمارے بزرگوں کی شاعری کا انداز معلوم ہو سکے۔ ان موضوعات کا علم ہو سکے جنہیں انھوں نے اپنی شاعری کا موضوع بنایا ہے ان سب سے بھی بہت کچھ سیکھا جا سکتا ہے۔ لیکن فی زمانہ کتاب شائع کرانا بھی کچھ لوگوں کے لئے جوئے شیر لانے سے کم دقّت کا کام نہیں ہے۔ ہمارے یہاں ایسے ادارے نہیں ہیں جو یہ کام انجام دے سکیں۔ لے دے کے ایک مہاراشٹر اسٹیٹ اردو اکادمی تھی لیکن اس کی لاش بھی ممبئی کے اکادمی کے دفتر کے سرد خانے میں رکھی

ہوئی ہے۔ ہمیں سیکولر پارٹیوں کی حکومت سے بڑی امیدیں ہوئیں ہیں لیکن در حقیقت مسلمانوں کے تابوت میں کیل ٹھوکنے کا کام یہی کرتی ہیں۔ لہٰذا یہ امید کرنا کہ حضرت سالمؔ کا مجموعہ کلام زیور طباعت سے آراستہ ہو ماضی قریب میں ایسا ممکن نظر نہیں آتا۔

جناب ارشد القادری صاحب کی صحبت میں رہنے والا ناگپور شہر کا یہ ایک بڑا شاعر جس نے ابتدائی دنوں جناب خلیل جونپوری سے اپنے کلام پر اصلاح لی تھی شاعری کی باریکیوں کو سمجھا تھا بالآخر ۲۸ / جولائی ۲۰۰۷ء کو اپنے مالک حقیقی سے جاملا۔ مومن پورہ، جہاں ان کے دن رات گزرے، جہاں انھوں نے اپنی شاعری کو پروان چڑھایا۔ جہاں انہوں نے مشاعروں میں اپنے اثر انگیز کلام سے دادو تحسین پائی، اسی بستی سے بہت دور یہاں صدر میں حضرت سالمؔ کو یاد کرنے کے لئے اس شعری نشست کا انعقاد ہوا اس کے لئے بانیانِ مشاعرہ یقیناً اہل اردو زبان کے شکریہ کے مستحق ہیں۔

(۱۲) شاہد کبیر اور ان کا شعری اسلوب

محمد سکندر حیات

یادِ رفتگان کے سلسلہ کو قائم رکھتے ہوئے آج باری ہے مشہور شاعر شاہد کبیر کی نعت کی۔ حسبِ روایت صاحبِ کلام کی ادبی اور شعری محاسن کا جائزہ بھی لیا جاتا ہے۔ بہت کم لوگ اس بات سے واقف ہیں کہ شاہد کبیر نے حمد اور نعت میں بھی طبع آزمائی کی ہے۔ شاہد کبیر کی پہچان ناگپور سے پھیلی اور ہر اس جگہ موجود ہے جہاں اردو بولی اور سمجھی جاتی ہے۔ پر وقار۔ دراز قد۔ بیباک و جاذب شخصیت، دوستی میں اخلاص۔ انکا طبعی قد تو بلند تھا ہی وہ جدید لب ولہجہ کے قد آور شاعر تھے۔ انکی شخصیت پر انکا ہی یہ شعر موضوع ہے۔۔

وہ سرو قد پسِ دیوار بھی نہیں چھپتا ہزار جھک کے چلے سر دکھائی دیتا ہے

پہلی مئی ۱۹۳۲ء کو ناگپور میں محفوظ الکبیر بن محمدؐ اسرائیل پیدا ہوئے۔ ابتدائی تعلیم مومن پورہ اردو پرائمری اسکول میں ہوئی۔ ثانوی تعلیم انجمن ہائی اسکول ناگپور سے مکمل کی۔ ۱۹۵۰ء میں میٹرک پاس کیا۔ ۱۹۵۶ء میں سنٹرل گورنمنٹ کے فوڈ اینڈ مارکیٹنگ محکمہ میں ملازمت کی۔ ۱۹۹۰ء میں ملازمت سے وظیفہ یاب ہوئے۔ ۱۹۵۷ء میں ڈرامہ مرزا غالب کے اسکرین رائٹر تھے۔ جسے فائن آرٹس ڈرامہ مقابلہ میں راشٹرپتی بھون دہلی میں پیش کیا گیا۔

وہ ۱۹۵۲ء سے ہی نثر نگاری کرتے تھے۔ انکے کئی مضامین۔ افسانے۔ منی افسانے

اور غزلیں ہندوستان کے موقر جرائد و اخبارات میں شائع ہوتے رہے ہیں۔ انھوں نے ہندوستانی فلموں کے لئے گیت بھی قلمبند کئے۔ کئی یادگار غزلیں کہیں جسے ہندوستان کے معروف فنکاروں نے اپنی آواز سے عوام تک پہنچایا۔ یہ غزلیں برصغیر ہندوپاک کے حصار سے باہر یورپ اور امریکہ میں بھی سنی جاتی ہیں۔ جگجیت سنگھ۔ ہری ہرن۔ چندن داس۔ انور اور عزیز نازاں جیسے شہرہ آفاق فنکاروں نے انکے کلام کو اپنی آواز کیلئے منتخب کیا جو مقبول عام ہے۔ سب سے عظیم ترین نام ان فنکاروں میں لتا منگیشکر کا ہے۔ آپ نے بھی غزلِ شاہد کبیر کو اپنی آواز دی۔

۔" چاروں اور" جدید غزلوں کا انکا مرتب کردہ مجموعہ۔ مراٹھواڑہ یونیورسٹی کے گریجویشن کورس کے لئے شاملِ نصاب ہے۔ مہاراشٹر اسٹیٹ بورڈ آف ایجوکیشن نے بھی بارہویں جماعت کیلئے انکی غزلوں کو شاملِ نصاب کیا ہے۔ ۹۵۔۱۹۹۱ء سے وہ ناگپور یونیورسٹی بورڈ آف اسٹڈیز کے رکن رہے۔ ان کی حیات ہی میں انکی کئی کتابیں اور مجموعہ کلام شائع ہو چکے تھے۔ ملازمت کے سلسلے میں شاہد کبیر کا قیام ۱۹۵۳ء سے ۱۹۵۸ء تک دہلی میں رہا۔ اور یہی دور وسیلۂ اظہار کی تلاش و جستجو کا دور تھا۔ ۱۹۵۶ء میں وہ نثر نگاری کی طرف مائل رہے۔ " کچّی دیواریں " انکا ناول اسی سال منظرِ عام پر آیا۔ جسے اہلووالیا بکڈپو، کرول باغ دہلی نے شائع کیا۔ بالآخر انھوں نے غزل کی شاعری کے حق میں فیصلہ کیا۔ اور بقول پروفیسر سید یونس " شاہد کے مجموعہ کلام ، پہچان کا دیباچہ آپکی تراوشِ قلم کا نتیجہ ہے۔ اُس وقت سے آج تک شاہد یکسو ہو کر شاہدِ غزل کی زلفیں سنوارنے میں منہمک ہیں۔ بقول پروفیسر عشرت ظفر" میں شاہد کبیر کی غزل کو مملکتِ شعر و سخن میں ایک توانا آواز مانتا ہوں۔ حالانکہ وہ خود یہ کہتے ہیں۔

کسی امیر کو کوئی فقیر کیا دے گا

غزل کی صنف کو شاہد کبیر کیا دے گا
سکوتِ آب سے جب دل مرا گھبرانے لگتا ہے تو سطح آب پر کنکر گرا کر دیکھ لیتا ہوں

محترم سامعین! حقیقی شاعر کا امتیازی وصف یہ ہے کہ وہ سوچتا زیادہ ہے اور جب ہر پہلو سے نقش مکمل ہو جاتا ہے تب ہی وہ کچھ اظہارِ خیال کرتا ہے۔ اسی کیفیت کو شاہد کبیر کے اس شعر سے جو میں نے ابھی سنایا دیکھا جاسکتا ہے۔ سکوتِ آب ایک منظر کا استعارہ ہے جو تحریک سے خالی ہے۔ اب ایسا نہیں کہ سکوتِ آب میں تحرک پیدا نہیں ہو سکتا۔ یقیناً ہو سکتا ہے۔ تو شاعر اس میں ایک کنکر پھینکتا ہے تاکہ کچھ ہلچل پیدا ہو۔ دائرے بنیں۔ لکیریں متشکل ہوں۔ ارسطو نے بھی اسی خیال کو لیا کہ زندگی اس سطح پر بھی اپنا اظہار کرتی ہے جب اسے باہر سے متحرک کیا جاسکے۔

صدر مسلم لائبریری کے عہدیداران لائق مبارکباد ہیں کہ انھوں نے اس فلسفہ کو عملی جامہ پہنایا اور ادبی سکوت کو عمل سے محرک بنایا۔ اس کیفیت کو شاہد کبیر کے یہاں دیکھئے۔

حقیقتوں کا سبھی کو پتہ نہیں ہوتا
کوئی کسی سے بچھڑ کر جدا نہیں ہوتا

شاہد کبیر کے اسلوبِ اظہار میں ایک تنوع ہے، متانت ہے جو اسے پر شکوہ بناتی ہے۔ اور یہی بڑی شاعری کی پہچان ہے۔ شاہد کبیر نے اپنے عہد کو سمیٹا ہے۔ انکے یہاں جمالیاتی نظام ایک خاص سطح سے کلام کرتا ہے اور منفرد نقوش بناتا ہے۔ بقول پروفیسر سید یونس۔ "وہ ہمارے شاعر کیا کرے جس کے اعصاب پر ابتدائے شاعری کے دور ہی سے مرزا غالب ؔ سوار ہو چکے ہوں" موجودہ دور میں استادی شاگردی کی روایت معدوم سی ہو

گئی ہے۔ مگر اس قسم کی تلمذ ذہنی کو کون روک سکتا ہے۔ شاہدؔ کا نظریۂ شاعری بھی یہ ہے کہ میرؔ و غالبؔ کے بعد شاعری کی جائے تو کم از کم وہ کچھ الگ تو ہو۔ چنانچہ شاہدؔ کی غزل کے تمام رنگِ قدیم سے ابھرتے ہیں لیکن وہ جن آبشاروں میں نہا کر تر و تازہ ہوتے ہیں وہ آج کا عہد ہے۔ وہ عہد جو ہمارے چاروں طرف پھیلا ہوا ہے۔ یہی وجہ ہے کہ اشعار میں تازگی زیادہ نظر آتی ہے۔ یہ اشعار دیکھئے

اب بتا تجھ سے بچھڑ کر میں کہاں جاؤں گا
تجھ کو پایا تھا قبیلہ سے بچھڑ کر میں نے
ہر چند مجھے ریت پہ تو لکھ کے مٹا دے
میں جنبشِ انگشت میں محفوظ رہوں گا

اس شعر پر ایک ذاتی واقعہ بیان کرنا چاہوں گا۔ اپنے کسی کام کے سلسلے میں شاہدؔ کبیر امراؤتی تشریف لائے۔ اس دوران میں بسلسلۂ ملازمت امراؤتی قیام پذیر تھا۔ ایک صاحب سے خاکسار نے انکا تعارف کروایا۔ اور کہا کہ انکا یہ شعر مقبول عام ہے۔

تو لاکھ مجھے ریت پر لکھ کر کے مٹا دے
میں جنبشِ انگشت میں محفوظ رہوں گا

بڑی نرمی سے شاہدؔ کبیر نے میری تصحیح فرمائی اور صحیح شعر سنایا۔ بہر حال مدّعا یہ کہ جنبشِ انگشت میں محفوظ رہنے کی جو بات کہی گئی ہے وہ ظاہر کرتی ہے کہ جسمانی طور پر تو اشیاء ہم سے دور چلی جاتی ہے اور بحر فنا ہو جاتی ہے۔ لیکن وہ ہمارے ساتھ رہتی ہے اور انکا انعکاس، پرچھائیوں، تصویروں یا لفظوں کی شکل میں ہوتا رہتا ہے۔ اور یہی وہ چیز ہے جو ہمیں ان اشیاء سے قریب رکھتی ہے جو بادی النظر میں تو ہمارے پاس نہیں ہوتی مگر ہوتی ہے۔ اور ہم انکے ہونے کا احساس پیکروں میں کرتے ہیں۔ غزل کا یہی کمال ہے کہ وہ

انتہائی تیزی سے ہر کیفیت کو بیان کرتی ہے۔ انکی شاعری علامتی شاعری رہی ہے۔ مروجّہ علامتوں مثلاً پانی۔ ریت۔ صحرا۔ پتھر۔ آئینہ۔ سایہ۔ موج۔ ساحل۔ رات۔ دیوار وغیرہ کی نئی توجیہات کی ہیں اور نئے ادراک عطا کئے۔ اشعار دیکھئے۔

پانی کا پتھّروں پہ اثر کچھ نہیں ہوا
روئے تمام عمر مگر کچھ نہیں ہوا

میں تو بہتا ہوا پانی ہوں نہ ہاتھ آؤں گا
لاکھ ساحل سے تو آئینہ بنالے مجھ کو

باندھ رکھا ہے کسی سوچ نے گھر سے ہم کو
ورنہ اپنا در و دیوار سے رشتہ کیا ہے

شجر سے گرتی ہیں کٹ کٹ کے پتّیاں شاہد
نہ کوئی ہاتھ نہ خنجر دکھائی دیتا ہے

کونسا کرب چھلکتا ہے ہنسی سے میری
کیسے ہنستا ہوں کہ دنیا کو رلا دیتا ہوں

پیروں سے زمیں نکل رہی ہے
اور ہاتھوں میں آسماں نہیں ہے

تمام حادثے احساس کھو چکے اپنا
یہ آرزو ہے کوئی آنکھ میری نم کردے

کب کی پتھّر ہو چکی تھیں منتظر آنکھیں مگر
چھو کے جب دیکھا تو میرے ہاتھ گیلے ہو گئے

بس اک گماں کے تعقب میں لوگ چلتے ہیں

سفر کو سمت کوئی راہ گیر کیا دے گا

غزل کے ان اشعار کو لتا منگیشکر نے آواز دی ہے۔

نیند سے آنکھ کھلی ہے ابھی دیکھا کیا ہے

دیکھ لینا ابھی کچھ دیر میں دنیا کیا ہے

گھیر کر مجھ کو بھی لٹکا دیا مصلوب کے ساتھ

میں نے لوگوں سے یہ پوچھا تھا کہ قصّہ کیا ہے

اپنی دانست میں سمجھے کوئی دنیا شاہدؔ

ورنہ ہاتھوں میں لکیروں کے علاوہ کیا ہے

یہ شعر دیکھیئے کہ احساسِ حسن میں کسطرح ایک استعجابی کیفیت پیدا ہوگئی ہے

اتنا بھی سرور ہو نہ رشتے میں

چھونے کا خیال مست کر دے

جائے گا بھی تو کہاں جائے گا پاؤں والا

گھر سے نکلے کہ اٹھا ہاتھ دعاؤں والا

اس شعر کے مفہوم اور ندرت بیانی پر پروفیسر یونس صاحب نے کہا کہ یہ شعر اردو شاعری میں ایک نادر اضافہ کی حیثیت رکھتا ہے

روٹھ کر جاتے ہوئے محبوب کی کیسی بولتی تصویر کھینچی ہے۔

جیسے گل ہوتی چلی جائے چراغوں کی بہار

جب کوئی روٹھ کے جاتا ہو تو منظر دیکھو

جیسے کوئی لباس نہ ہو اس کے جسم پر

یوں راستہ چلے ہے بدن کو سمیٹ کر

جدید صنعتی شہر اور اسکی مصروفیات نے افراد کی مذہب اور روحانیت سے محرومی کو کس بہتر انداز میں پیش کیا ہے۔ ملاحظہ فرمائیں۔

ان کو بھی بہالے گئے ناقوس ملوں کے
جو صبح کو جاگے تھے موذّن کی اذاں سے
خود کو آئینے میں ہم ڈھونڈ رہے ہیں شاہد
اپنی پہچان نظر آئے تو گھر سے نکلیں

حضرات محترم ! آپ نے دیکھا شاہدؔ کی ادبی کاوشیں اور خدمات کا تذکرہ کرتے کرتے میں انکے اشعار میں اس قدر غرق ہو گیا کہ وہ بات ادھوری رہ گئی۔ بہر حال میں اس موضوع پر دوبارہ آتا ہوں کہ شاہد کبیرؔ کی پہلی غزل شب خون دسمبر ۱۹۶۷ء میں شائع ہوئی تھی۔ ۱۹۶۰ء سے ۱۹۷۰ء کے درمیان نئی غزل کے افق پر ابھرنے والے شعراء تو بہت سے ہیں لیکن ماہنامہ شب خون کے ہمہ گیر شعلوں کی روشنی میں جن چہروں کے خدوخال نمایاں ہوئے انھیں شاہد کبیرؔ کے ساتھ کرشن کمار۔ عقیل شاداب۔ ظفر غوری اور مقامی شاعر پروفیسر مدحت الاختر جیسی اہم شخصیتیں ہیں۔

انکی غزلوں کا مجموعہ مٹی کا مکان ۱۹۷۹ء میں شائع ہوا جسے حکومتِ مہاراشٹر سے اول انعام حاصل ہوا۔ ٹھیک ۲۰ سال بعد شاہد کبیرؔ کی غزلوں کا دوسرا مجموعہ 'پہچان' شائع ہوا۔ اسے بھی حکومتِ مہاراشٹر کی اردو اکادمی نے اول انعام کا مستحق قرار دیا۔ یہی مجموعہ کلام پہچان ۲۰۰۲ء میں دیوناگری رسم الخط میں انکے صاحبزادے سمیر کبیر نے ترتیب دیا اور شائع کروایا۔ یہ مجموعہ کلام انکے انتقال کے بعد شائع ہوا۔ ۲۰۰۱ء میں شاہد کبیرؔ کو حجّ بیت اللہ کی سعادت نصیب ہوئی۔ اور فریضۂ حج کے ٹھیک چالیس دن بعد یعنی ۱۱/ مئی ۲۰۰۱ء بروز جمعہ دوپہر دنیائے آب و گل سے رخصت ہوئے۔ سچ تو یہ ہے کہ شاہد کبیرؔ نئی

غزل کی غیر فانی آواز ہے۔
اب لوگ ترس جائیں گے آواز کو میری
گونجوں گا فضاؤں میں سنائی نہیں دوں گا

(۱۳) موجودہ عہد کا نوحہ گر- میکشؔ ناگپوری

ڈاکٹر محمدّ اظہر حیات

کپڑوں کا ہوش نا خود کا خیال، پراگندہ بال، لڑکھڑاتی چال، درمیانہ قد، منحنی جسم۔ میکش کا خیال آتے ہی ذہن کے قرطاس پر یہ تصویر ابھر آتی ہے گویا میکشؔ ناگپوری اسمِ با مسمّٰی تھے۔ میکش رندِ بلانوش تھے۔ ہمیشہ شراب کے نشے میں دھت اور مدمست رہتے تھے۔ یار دوست ان کی کیفیت سے خوب فائدہ اٹھاتے تھے۔ لیکن ایسی مدہوشی میں بھی ان کا شعور جاگتا رہتا تھا۔ حافظہ غضب کا پایا تھا۔ ایسے ایسے اشعار زبان سے ادا ہوتے کہ سننے والے حیرت سے میکشؔ کا منہ تکتے۔

میکشؔ ناگپوری کا پورا نام محمدّ یونس تھا۔ وہ یکم جولائی ۱۹۳۳ء کو ناگپور میں پیدا ہوئے۔ ان کے والد عظمت علی ایک اچھّے جرّاح تھے اور یہی ان کا پیشہ تھا۔ محمدّ یونس میکشؔ نے میٹرک تعلیم حاصل کی۔ انہوں نے ناگپور پاور ہاؤس اور انڈین جیولاجی اینڈ مائننگ میں بالترتیب ملازمت کی لیکن اپنی لا ابالی طبیعت و مزاج کی وجہ سے بہت جلد دونوں ملازمتوں کو یکے بعد دیگرے چھوڑ دیا۔ میکشؔ کی شادی بھنڈارہ میں جناب احمد خان پٹھان کی صاحبزادی محترمہ طاہر النساء سے ۱۲/ دسمبر ۱۹۷۱ء میں ہوئی۔ ان کی اہلیہ بھنڈارہ ضلع پریشد اسکول میں مراٹھی کی ٹیچر تھیں۔ ابھی میکشؔ زندگی سے لطف اندوز ہو رہے تھے کہ شادی کو صرف پانچ سال بعد طاہر النساء نے انہیں مفارقت کا داغ دے دیا۔ اور ایک لڑکا اور ایک لڑکی اپنی یادگار چھوڑ گئیں۔ میکش جو بے روزگاری سے نبرد

آزماتھے رفیقِ حیات کی دائمی جدائی سے ٹوٹ کر رہ گئے۔ اور کہہ اٹھے۔ ؂

مرے رفیقِ سفر کو کس نے چھین لیا
نہ جانے کھانی ہے ٹھوکر کہاں کہاں مجھ کو

میکشؔ نے شاعری کی ابتداء زمانۂ طالب علمی سے شروع کر دی تھی۔ اسکول میں ان کے استاد حضرت حمید اللہ خان آذرؔ سیمابی نے ان کی شعری صلاحیتوں کو پرکھا اور نکھارا۔ ۱۹۶۳ء میں آذرؔ صاحب پاکستان ہجرت کر گئے تو اس کے بعد میکشؔ نے کبھی کسی سے مشورۂ سخن نہیں کیا۔ اور واقعہ یہ ہے کہ انہیں اس کی ضرورت بھی نہیں تھی۔ وہ اپنے کلامِ بلاغت سے ناگپور کے اہلِ ادب کو متاثر کر رہے تھے۔ حضرت مولانا ناطقؔ گلاوٹھوی، نواب غازیؔ آف گیوردھا، حافظ انورؔ کامٹوی، جناب حمیدؔ ناگپوری اور حضرت طرفہؔ قریشی جیسے باکمال شعراء کرام میکشؔ کی شاعرانہ صلاحیتوں کے مدّاح تھے۔

میکشؔ ذہین، بے باک اور منہ پھٹ تھے۔ وہ سچ کو سچ کہنے میں کبھی نہیں چوکتے تھے۔ ریاکاری، مکّاری اور فریب کاری سے دور تھے۔ ان خوبیوں کی وجہ سے وہ عوام النّاس میں بیحد مقبول تھے۔ مشاعرے میں ان کی شرکت مشاعرے کی کامیابی کی ضمانت سمجھی جاتی تھی۔ وہ محفل میں مرکزِ نظر ہوتے۔ اپنی حاضر جوابی اور غیر معمولی ذہانت سے ہر خاص و عام کو متاثر کرتے تھے۔ ایک مرتبہ ایک مشاعرے میں کلام سنا کر بیٹھے ہی تھے کہ مولانا ناطقؔ گلاوٹھوی نے داد کے انداز میں فرمایا۔ "میاں یہ کہاں سے لاتے ہو"

میکشؔ نے برجستہ جواب دیا۔ حضرت آپ جہاں سے لاتے ہو۔ اور پھر اپنا ہی ایک شعر برجستہ پڑھا۔ ؂

جہاں انکا ٹھکانہ ہے وہاں میری رسائی ہے
مقیّد کر نہیں سکتا کوئی پروازِ انساں کو

میکشؔ بادہ نوشی میں بھی شعر کبھی غلط نہیں پڑھتے تھے۔ مجھے ایک نعتیہ مشاعرہ خوب یاد ہے جب میکشؔ نے نشے کی حالت میں ایک نعت پاک ترنّم سے سنا کر خوب داد پائی تھی۔ گویا مشاعرہ لوٹ لیا تھا۔ مگر کسی کی ہمت نہیں تھی کہ کوئی اس حالت میں انہیں ٹوک دیتا۔ اسی مشاعرے میں انہوں نے نعت کا یہ مطلع کہا تھا۔

یادِ حبیب آئی تو جی بھر کے رو لئے
پھولوں کے ہو لئے کبھی کانٹوں کے ہو لئے

ملک کے معیاری رسائل و جرائد میں میکش کا کلام چھپتا اور قوال حضرات ان کی تحریر کردہ قوّالیاں جھوم جھوم کر گاتے تھے۔ لوگوں کی فرمائش پر انھوں نے بے شمار سہرے لکھے۔ محرم کے ایّام میں ان کے تحریر کردہ نوحے اور مرثیے آج بھی جوش و خروش کے ساتھ پڑھے جاتے ہیں۔ رمضان کے مہینے میں قصائد اور فلمی گیتوں کی دھن پر حالاتِ حاضرہ پر طنز بھرے نغمے اب تک لوگوں کے ذہنوں میں محفوظ ہیں۔ میکشؔ نے عجیب طبیعت پائی تھی۔ وہ نشہ میں ہوتے تو بھی شریف، ملنسار، نیک دل، نیک طبیعت ہوتے۔ رمضان کا مہینہ شروع ہوتے ہی وہ میخانے کی بجائے مسجد کی راہ لیتے۔ سر پر ٹوپی۔ گردن نیچی۔ خراماں خراماں راہ چلتے۔ کم بولتے اور رمضان کے پورے روزے اہتمام سے رکھتے۔ اکثر تلاوت میں مصروف نظر آتے۔ گویا روزوں سے ان کا ظاہر بدل جاتا تھا۔ مگر شراب ان کا باطن بدلنے میں کبھی کامیاب نہ ہوئی۔ وہ ہر حال میں شریف النفس اور پاکباز تھے۔ بزرگوں کا ادب کرنا ان کی فطرت میں تھا۔ میں نے سنا کہ وہ اپنی والدہ کا اس قدر خیال کرتے تھے کہ ایک مرتبہ بمبئی کے سفر پر گئے اور کام ہونے سے قبل محض یہ کہہ کر لوٹ آئے کہ "والدہ کی یاد آرہی ہے"۔

ایک دن برادرِ محترم جناب قمر حیات صاحب سے سرراہ ملاقات ہوئی۔ نشے میں

تھے۔ دیکھتے ہی کہنے لگے۔ قمر حیات فی البدیہہ شعر سنو۔

قمر کی چاندنی شب کو، اجالا مہر کا دن کو
یہ دنیا روشنی ہی روشنی معلوم ہوتی ہے
یہ دنیا ہے، محبت ہے اسے باطل پرستوں سے
خدا لگتی یہاں سب کو بری معلوم ہوتی ہے

محترم قمر حیات صاحب ایک اور واقعہ بیان کرتے ہیں کہ ایک روز میکشؔ صاحب حسبِ عادت اپنے پورے سرور میں تھے۔ قمر صاحب کو دیکھا تو آواز دی اور وہی قطعہ پڑھ دیا۔ قمر صاحب نے کہا۔ میکشؔ صاحب نے کہا میرا شعر سنو۔ پھر میکشؔ ایک دم سنجیدہ ہو گئے اور کہا سناؤ۔ قمر صاحب نے کہا۔

زندگی میں مقام پیدا کر
عمل صالح سے نام پیدا کر

میکشؔ نے فوراً کہا خیال اچھا ہے مگر بحر سے بالکل خارج ہے اور کہا اسے یوں کر دو۔

زندگی میں مقام پیدا کر
نیک سیرت سے نام پیدا کر

یہ کہہ کر میکشؔ اپنی ترنگ میں آگے بڑھ گئے۔ اس واقعہ سے یہ بتانا مقصود ہے کہ میکشؔ شعر کے معاملہ میں بھی کتنا ہوش رکھتے تھے۔ جنابِ میکشؔ نے ادب کی تمام اصناف پر طبع آزمائی کی لیکن غزل اور قطعات میں انہیں خاص ملکہ حاصل تھا۔ وہ وارداتِ قلب و نظر کو کیف و سرور میں ڈوب کر بیان کرتے تھے اس لیے ان کے کلام میں زندگی کی تازگی اور حرارت محسوس ہوتی ہے۔ ان کی غزلیں تغزل کی بھرپور ترجمانی کرتی ہیں۔ زبان و بیان میں سلاست و روانی بدرجہ اتم موجود ہے۔ ان کے اشعار زبان زد خاص و عام

ہونے کی صلاحیت رکھتے ہیں۔ اپنی اس خوبی کا انہیں بھی احساس تھا۔ کہا ہے ۔

ترکیب میں جدّت ہے تو الفاظ میں شوکت میکشؔ ترا نکھرا ہوا انداز بیاں ہے

میکشؔ حسّاس باشعور اور باخبر شاعر تھے۔ عصری حسّیت ان کے کلام کی نمایاں خصوصیت ہے۔ وہ سماج میں عدم مساوات، ناانصافی، ظلم و تشدّد سے تڑپ جاتے تھے۔ اس اعتبار سے ہم میکشؔ کو موجودہ عہد کا نوحہ گر کہہ سکتے ہیں۔ شعر کا تیور دیکھئے۔

بے سود کٹ رہے ہیں لاکھوں حسین میکشؔ

بھارت کی سرزمیں بھی میدانِ کربلا ہے

کیا بجھتی مجھ سے آگ کسی کے مکان کی

اپنے ہی گھر کی آگ بجھانے میں رہ گیا

میکشؔ کو میکشی میں اپنی بربادی کا احساس تھا مگر مجبور تھے۔ اس کا اظہار انھوں نے کئی اشعار میں کیا ہے۔ کہا ہے ۔

میرے دلِ تباہ کا عالم نہ پوچھیے خانہ خراب کردیا ذوقِ شراب نے

باہر کوئی سکون نہ گھر میں قرار ہے مجھ کو کہیں کا رکھا نہیں اس شراب نے

ہم نے خود بڑھ کے جلایا ہے نشیمن اپنا اس میں اے برقِ تپاں تیرا کوئی دوش نہیں

کبھی میکشؔ اپنی اس کمزوری کو فطرت کا نام دیتے تھے ۔

ابتدائے حیات سے میکشؔ

اپنی قسمت کو رو رہا ہوں میں

ازل سے اپنی قسمت میں لکھا ہے ٹھوکریں کھانا

نہ دیکھیں اہلِ دانش یوں مجھے چشمِ پریشاں سے

برائے مے پرستی کی کروں یہ ہو نہیں سکتا

ازل سے پائی ہے میکش طبیعت میں نے رندانہ

میکش اکثر اشعار میں میکشی، میکدہ اور شراب سے خوب فائدہ اٹھاتے تھے۔ ایک جگہ کہا ہے۔

یہ میکدہ ہے مگر ہوش مند آتے ہیں یہاں سمجھ کے کرو جس کسی سے بات کرو

کیف بھوپالی نے میکش کے کلام پر تبصرہ ان الفاظ میں کیا ہے۔ "میکش کے کلام کی یہ خصوصیت مجھے بے حد پسند ہے کہ وہ پیچیدگیوں سے پاک وصاف اور آمد سے لبریز ہوتا ہے۔" کیف مرحوم کے دعوے پر بطور دلیل یہ اشعار دیکھئے۔

آب و تابِ آئینہ کم ہوگئی تو کیا ہوا\
رفتہ رفتہ رنگ اڑ جاتا ہے ہر تصویر کا

جو بھی کرنا ہے آج کر لیجے\
کل یہ دنیا رہی رہی نہ رہی

اب دردِ محبت مری رگ رگ میں رواں ہے\
صرف ایک جگہ ہو تو بتاؤں کہ یہاں ہے

میں خوب سمجھتا ہوں دو عالم کی حقیقت\
آرام سے انسان یہاں ہے نہ وہاں ہے

اک روز رہا تھا ترے جلوؤں کی فضا میں\
آنکھوں میں ابھی تک وہی رنگین سماں ہے

غزل کے یہ اشعار دیکھئے۔

تم اپنی آنکھوں میں کیفِ شراب بھر لینا\
ہمارے آنے سے پہلے یہ کام کر لینا

تمھارے جلوؤں سے کھیلے گا میرا ذوقِ نظر
نقاب الٹنے سے پہلے ذرا سنور لینا
الجھ رہے ہیں جو کانٹے ذرا ادھر دیکھو
پھر اپنے دامنِ رنگیں میں پھول بھر لینا
ہے کارِ عشق جہاں میں محال اے میکشؔ
بہت ہی سوچ کے یہ کام اپنے سر لینا

یہ مختلف اشعار ملاحظہ فرمایئے۔

مجھے نہ دیکھ میں نبّاض ہوں زمانے کا
میں تیرے رُخ سے تری بات کو سمجھتا ہوں
یہ دیکھنا ہے کدھر ٹوٹتے ہیں پروانے
میں دل جلاتا ہوں اپنا تو آفتاب جلا
زخموں کی تعداد نہ پوچھو
چھوٹا گھر مہمان بہت ہیں
یوں تو کہنے کو ایک کانٹا ہوں
خاص نسبت ہے پھر بھی پھول کے ساتھ
نارِ دوزخ حرام ہے مجھ پر
ہے محبت مجھے رسول کے ساتھ

جنابِ میکشؔ نے اپنی زندگی میں ہی 'بادہ نو، کے نام سے اپنا مجموعہ کلام ترتیب دے دیا تھا۔ مگر افسوس ان کی زندگی میں وہ زیورِ طباعت سے آراستہ نہ ہو سکا وہ یہ حسرت لیے ۹ جنوری ۱۹۸۷ء بروز جمعہ ۸ بجے شب اس دنیائے فانی سے رحلت کر گئے۔ دوسرے دن

مومن پورہ قبرستان میں ان کی تدفین عمل میں آئی۔

ہو گا جس دِن نہ یہ میکشِ خوش نوا
سونی ہو جائے گی بزمِ شعر و سخن

(۱۴) عبد الحفیظ پاگل - نام کے پاگل

ڈاکٹر محمد اظہر حیات

(یہ مقالہ ۲۴ ویں ماہانہ شعری نشست مورخہ ۲۶ / جنوری ۲۰۰۸ء کو پڑھا گیا)

اب سے تقریباً ۳۰-۳۵ سال قبل کی بات ہے مومن پورہ میں ایک گوشت کی دکان پر میں کھڑا تھا۔ کسی نے زور سے آواز لگائی "پاگل صاحب آپ کی قمیض جل رہی ہے۔" پاگل صاحب نے فوراً اپنی انگلیوں میں پھنسی بیڑی کو پیروں تلے دبا دیا اور دامن جھٹکتے ہوئے کہنے لگے: "یار گریبی میں آٹا گیلا ہو گیا۔" پاگل انصاری سے پہلی بار میں یوں متعارف ہوا۔ اس واقعہ کے بعد اکثر مشاعروں میں ان سے کلام سنتا۔ دوسروں کے ساتھ مجھے بھی لطف آتا ان کے اشعار سن کر مجھے ان کی شخصیت میں دلچسپی سی پیدا ہو گئی۔ وہ میرے ہم محلہ تھے اکثر ان سے ملاقات ہوتی۔ پرگندہ کھچڑی بال، ڈھیلا ڈھالا قمیض پائجامہ اور سلیپر پہنے انگلیوں میں بیڑی دبائے اور گاہے بگاہے دھواں اڑاتے وہ روایتی انداز کے غریب شاعر نظر آتے بلکہ سچ تو یہ اسمِ بامسمّٰی نظر آتے۔

پاگلؔ انصاری کا پورا نام عبد الحفیظ انصاری تھا۔ ۱۹۱۶ء میں وہ ناگپور میں پیدا ہوئے۔ ابتدائی تعلیم حاصل کرنے کے بعد معاش کے جھمیلے میں پڑ گئے۔ شعر و سخن کا فطری مزاج پایا تھا اس لیے غزلوں سے ہی شاعری کا آغاز کیا مگر بعد میں ہزلوں کی طرف مائل ہو گئے اور آخر تک ہزل کہتے رہے۔ ابتداء میں مرحوم مولانا ناطقؔ گلاؤٹھوی سے مشورۂ سخن کرتے رہے مگر اس کے بعد کسی کو اپنا کلام نہیں دکھایا بلکہ شہر کے بیشتر شعراء ان سے مشورۂ سخن کرتے رہے۔ پاگلؔ صاحب کی اہلیہ کا نام قمر النساء تھا جن کی وفات ۱۹۹۲ء

میں ہوئی۔ ان کے تین بیٹیاں اور تین بیٹے تھے۔ نور محمد ان کے بڑے صاحبزادے تھے جن کا انتقال دو سال قبل ہوا۔ خلیل تابش اور شکیل احمد بقید حیات ہیں۔

عبدالحفیظ کو معاشی بحران نے پاگل بنا دیا تھا۔ شاید اسی لیے انھوں نے اپنا تخلّص ہی پاگل کر لیا تھا۔ کہا ہے۔

پاگل ترے نصیب میں آرام ہے کہاں
اک دن بھی جب کہ چین کی روٹی نہیں ملی

پاگل صاحب شروع سے غربت کے شکار رہے۔ لیکن اس غربت و افلاس میں بھی ہمیشہ ہنستے رہے اور دوسروں کو ہنساتے رہے۔ اللہ پر یقین، توکل اور قناعت ان کی طبیعت کا خاصّہ تھا۔ کہتے ہیں۔

ارے پاگل خدا پر رکھ بھروسہ
تجھے کیوں فکر ہے شام و سحر کی

ایک جگہ اللہ کی عنایت کا ذکر کس طرح کیا ہے ملاحظہ کیجئے:

مجھ سے سڑے گلے ہوئے مٹی کے پینڈ پر
اللہ میاں کی خاص عنایت ہے زندگی

اکثر اشعار میں وہ اپنی غربت و پریشانی کا ذکر کرتے تھے۔ یہ اشعار دیکھئے جس میں طنز زیادہ ہے۔ اسے سن کر ہمیں شاعر سے ہمدردی ہو جاتی ہے:

روز اول سے پاؤں ہے بھاری
زندگی پیٹ لے کے آئی ہے

اب تو خدا ہی حافظ ہے اپنی زندگی کا
چھو ہو گیا زمانہ سارا ہنسی خوشی کا

روز اول سے شاید اللہ میاں سے ہم نے
بیمہ کرا لیا تھا غربت کی زندگی کا

وہ غالبؔ کے اس شعر کی تشریح و تفسیر معلوم ہوتے تھے جس میں غالبؔ اہلِ کرم کا تماشہ دیکھنے کے لیے فقیروں کا بھیس اختیار کرتے تھے۔ پاگل بھی در حقیقت نام کے ہی پاگل تھے۔ ان کا کلام دیکھ کر اندازہ ہوتا ہے کہ وہ فرزانوں سے بڑھ کر فرزانہ تھے۔ زمانے پر ان کی گہری نظر تھی۔ روز مرّہ کی باتوں میں بھی وہ نکتہ پیدا کرنے کا ہنر جانتے تھے۔ یہ اشعار دیکھئے۔

کردار جانور کا کرتے ہیں ہم ادایوں
کھاتے ہیں گھاس لیکن لیتے ہیں نام گھی کا

دنیا سیدھے سادوں کے لیے ذلّت کا باعث ہے
یہ دنیا اس کی ہے جس نے اِدھر مارا اُدھر دیکھا

یہ شعر دیکھیے۔

رونا تو سبھی روتے ہیں اس دور میں لیکن
رکھتا ہے کوئی اپنے بھی عیبوں پہ نظر کیا

میری بربادیوں پر ہنسنے والوں
خبر لینا ذرا اپنے بھی گھر کی

پاگل صاحب وضع دار، منکسر المزاج اور شریف النفس شاعر تھے۔ اس لیے لوگ ان کی عزت کرتے تھے اور انہیں پاگل صاحب کہتے تھے وہ مشاعروں میں دور دور مدعو کیے جاتے تھے۔ تحت میں کلام سناتے مگر اس انداز میں کہ سامعین ٹوٹ کر داد دیتے تھے۔ کلام سن کر محفل زعفران زار ہو جاتی مگر پاگل صاحب بڑی سنجیدگی سے اپنے

بکھرے بالوں میں انگلیوں سے کنگھی کرتے اور کنکھیوں سے ادھر ادھر دیکھتے۔ ایک مشاعرے میں انہوں نے جب یہ قطعہ سنایا تو سامعین لوٹ پوٹ ہو گئے ۔

میں یہ سمجھا کہ انھیں مجھ سے محبت ہوگی
وہ یہ سمجھے کہ مری جیب میں پیسہ ہو گا
جب پڑیں جیب پہ نظریں تو وہ ہنس کر بولے
تم ہی بتلاؤ بھلا ایسے سے کیسا ہو گا

دنیا کے تجربات و حوادث نے انہیں سنجیدہ بنا دیا تھا۔ اس سنجیدگی میں وہ مزاح کا پہلو نکال لیتے تھے اور مزاح میں طنز کی آمیزش کر کے سنجیدگی پیدا کر دیتے تھے۔ یہ متفرق اشعار ملاحظہ کیجئے:

اب تک دل و جگر میں نشتر سا چبھ رہا ہے
کہہ دینا مجھ کو پاگل یک بارگی کسی کا

انوکھے قسم کی فرمائش ہوتی ہے روزانہ
محبت آجکل ایک نوکری معلوم ہوتی ہے

بھروسہ کیا کرے کوئی کسی کے عہد و پیماں کا
زمانے کی فضا منہ چوپڑی معلوم ہوتی ہے

مجھے وعدوں ہی وعدوں پر ٹلایا
محبت کی، مگر اس نے اُدھر کی

ذخیرہ عیب کا ہو گا بر آمد
تلاشی لیں اگر اہل ہنر کی

پاگلؔ صاحب کے کلام میں خالص مزاح کی بھی کمی نہیں تھی بلکہ حقیقت یہ ہے کہ

وہ اسی خوبی کی وجہ سے جانے اور مانے جاتے تھے۔ لیکن یہاں بھی وہ مزاح کو مزاح کے معیار سے گرنے نہیں دیتے تھے۔ یہ اشعار ملاحظہ فرمائیں:

تو مجھ کو قتل کرتا ہے تو کر، لیکن بتا پاگلؔ
شب وعدہ تیری زلفوں کی جھالر کون دیکھے گا

سڑکیں سدھر گئی ہیں گلیاں سدھر گئی ہیں
سدھرا نہیں اگر تو میدان شاعری کا

آؤ ملنے کو تو دَلنے لگا دیتے ہیں
ہے یہ پھٹکار تو کوئی نہ پھٹکتا ہو گا

وفا کی راہ میں پھسلن بہت ہے
ضمانت ضبط ہو جاتی ہے سر کی

تعجب ہے، نہ ہوں بولو نہ ہاں
کچھ یہ تم ہو یا کوئی گڑیا ربر کی

آج ہوٹل میں تری یاد جو آئی مجھ کو
چائے میں بھیگا ہوا میں نے بٹر چھوڑ دیا

توبہ توبہ عشق کی دھن میں یہ کیا سمجھے تھے ہم
تھا وہ انجن کا دھواں جس کو گھٹا سمجھے تھے ہم

غیر تمہارا کون ہے لگتا ابّا ہے یا چاچا ماما
اس کے آگے انڈے انڈے میرے آگے بیگن بیگن

ایک روز پاگل صاحب سے میں نے مجموعہ کلام شائع کرنے کے لیے کہا تو انتہائی سادگی اور سنجیدگی سے کہنے لگے بھائی! کلام تو بہت ہے۔ ترتیب دیا رکھا ہے۔ پھر وہ خلاء

میں دیکھنے لگے۔ کچھ روز قبل میں نے ان کے صاحبزادے شکیل احمد سے کلام کے متعلق کہا تو انھوں نے بتایا کہ ابّا کے انتقال کے بعد دو شاعر حضرات اظہارِ تعزیت کے لیے آئے اور امّاں سے مجموعہ کلام شائع کرانے کے لیے ڈائری لے گئے مگر آج تک نہ مجموعہ کلام منظر عام پر آیا اور نہ ہی یہ معلوم ہو سکا کہ وہ لوگ کون تھے۔

یہ بات قابلِ ذکر اور شکر ہے کہ جب میں نے پاگلؔ صاحب پر مقالہ لکھنے کا ارادہ کیا اور ان کے کلام کی جستجو میں کچھ لوگوں سے ذکر کیا تو بہت جلد مجھے حضرت کی چھ ہزلیں اور کئی متفرق اشعار مل گئے۔ اس سے اندازہ لگایا جا سکتا ہے کہ پاگلؔ صاحب لوگوں کے ذہن و دل میں اب بھی محفوظ ہیں۔

۹/ نومبر ۱۹۷۹ء کی صبح جب پاگلؔ انصاری کی وفات کا علم ہوا تو مجھے یوں محسوس ہوا کہ اردو طنز و مزاح کی چھوٹی سی دیوار کے بیچ سے ایک اینٹ کھسک گئی ہے۔ ناگپور کے ادبی حلقوں میں رنج و غم کی فضا چھاگئی۔ بعد نماز عصر مومن پورہ قبرستان میں تجہیز و تکفین عمل میں آئی۔

دوسرے روز یعنی ۱۰/ نومبر کی شب اسلامیہ اسکول، مومن پورہ میں نواب غازیؔ مرحوم کی یاد میں ایک سیمینار اور مشاعرہ منعقد کیا گیا۔ ناظم مشاعرہ ثقلین حیدر نے بڑے ہی پر سوز اور جذباتی انداز میں پاگلؔ صاحب کو خراجِ عقیدت پیش کرتے ہوئے کہا "شاعر امیر ہو یا غریب، شاعر غزل گو ہو یا ہزل گو، شاعر غازی ہو یا پاگل، شاعر شاعر ہوتا ہے۔ تخلیق کار ہوتا ہے اور تخلیق کار عظیم ہوتا ہے۔ اس کا نقصان قوم کا نقصان ہوتا ہے۔ ادب کا نقصان ہوتا ہے۔ پاگلؔ انصاری کی وفات ہمارے سماج کا نقصان ہے۔ اردو ادب کا نقصان ہے۔" سامعین پر ایک سکتہ طاری ہو گیا۔ انھیں پاگلؔ انصاری کی موت کھلنے لگی۔

اگر پاگلؔ صاحب زندہ ہوتے اور ثقلین حیدر کی یہ باتیں سنتے تو ہر گز وہ یہ نا کہتے ۔

موت پر مفلس کی، تھا اس کا پڑوسی بے خبر
اہلِ زر کوئی مرا تو شہر بھر ماتم ہوا

سچ تو یہ ہے کہ پاگل معاشی طور پر مفلس ضرور تھے لیکن وہ شعر و سخن کی دولت سے مالامال تھے۔

حق مغفرت کرے عجب آزاد مرد تھا

(۱۵) وسط ہند کے اکبر ثانی: غزل کے مزاج داں:
نظیر احمد نظیر

ڈاکٹر محمد اظہر حیات

مجھے ذہن پر بہت زیادہ زور ڈالنے کی ضرورت نہیں ہوئی مرحوم نظیر احمد نظیر کو ذہن کے قرطاس پر وا کرنے میں۔ کشادہ پیشانی، ذہانت کی نشانی، کالے گھنے گھنگریالے بال۔ فارغ البال، شرافت کی چمک روشن آنکھوں پر۔ پان کی لالی پتلے لبوں پر، صحت مند نکلتا قد، کبھی کرتہ پاجامہ میں ملبوس تو کبھی پینٹ شرٹ زیب تن۔ مومن پورہ میں ہوں یا کسی مشاعرہ گاہ یا ادبی نشستوں میں۔ قد و قامت کی وجہ سے الگ پہچانے جاتے۔ نرم دم گفتگو گرم دم جستجو۔ مشاعرے میں کلام سناتے تو سامعین و ناظرین ہمہ تن گوش ہوتے اور "تجھ کو دیکھیں کہ تجھ سے بات کریں" کی تصویر ہوتے۔

ناظرین کرام!

آپ کے ذہن پر جو تصویر ابھری ہے وہی تو نظیر احمد نظیر ہیں جن کی شاعری بے نظیر ہے۔ نظیر یکم جولائی ۱۹۳۴ء کو ناگپور میں پیدا ہوئے۔ وہ ایک خوشحال گھرانے کے چشم و چراغ تھے۔ ان کے والد کا نام بشیر احمد اور دادا کا نام کریم بخش تھا۔ دادا مسجد بقر قصاب میں عمر بھر امامت کے فرائض انجام دیتے رہے۔ نظیر صاحب ابھی صرف ایک سال کے تھے کہ والد کا سایہ سر سے اٹھ گیا، چار سال کی عمر کو پہنچے تو والدہ کے دستِ شفقت سے محروم ہو گئے۔ چچا رفیق احمد نے ان کی پرورش کی۔ نظیر صاحب نے ۱۹۵۷ء

میں انجمن ہائی اسکول، صدر سے میٹرک کا امتحان پاس کیا۔ کچھ دنوں بعد ہی انہیں ناگپور الیکٹریسٹی بورڈ میں ملازمت مل گئی۔ نظیر صاحب کی شادی کامٹی کے مولا شریف کی صاحبزادی محترمہ قمر جہاں سے ہوئی۔ ان کا سسرال بھی کامٹی کا متمول خاندان تھا۔ زندگی خوب گزر رہی تھی کہ نظیرؔ صاحب کو کینسر جیسے موذی مرض نے آن گھیرا اور وہ ۲ سال تک موت و حیات کی کشمکش میں مبتلا رہنے کے بعد ۷ / اپریل ۱۹۸۲ء کو اس جہانِ فانی سے رحلت کر گئے۔ مومن پورہ قبرستان میں تدفین عمل میں آئی۔

مرحوم کی اہلیہ قمر جہاں ماشاء اللہ بقیدِ حیات ہیں اور اپنے اکلوتے بیٹے بشر نظیف کے ساتھ زندگی گزار رہی ہیں۔ بشر صاحب بھی B-E-S-M میں برسرِ روزگار ہیں۔ بیٹی نصرت فردوس، انیق احمد صاحب سے بیاہی گئی ہیں جو ایئر انڈیا میں انجینیر ہیں اور فی الحال دبئی میں مقیم ہیں اور بال بچّوں کے ساتھ خوش و خرّم ہیں۔

مرحوم نظیرؔ صاحب ملنسار، منکسر المزاج اور باغ و بہار طبیعت کے مالک تھے۔ ایک روز اسٹیشن سے ایک شخص کو گھر لے آئے۔ اسے نہلایا دھلایا، اپنے کپڑے پہنائے اور کھانا کھلا کر روانہ کیا۔ پوچھا گیا، کون تھے تو کہنے لگے بیچارہ ضرورت مند مسافر تھا اپنے ابو کے اس واقعہ کو بیان کرتے ہوئے بشر صاحب کی آنکھوں میں کچھ شرمندگی کا احساس میں نے محسوس کیا۔ شاید وہ سوچ رہے ہوں کہ ان کے ابّو کو کوئی پاگل نہ سمجھے! اس نفسہ نفسی کے دور میں یہ حرکت پاگل پن کے زمرے میں آسکتی ہے لیکن بشر بھائی تمھیں کیا معلوم کہ تمھارے ابّو کتنے عظیم تھے۔ ان میں انسانی ہمدردی کتنی کوٹ کوٹ کر بھری تھی۔ ان کے اندر کتنا اخلاص تھا۔ جس میں ریاکاری نام کو نہ تھی۔ میں تو کہوں گا کہ نظیرؔ صاحب بے نظیر انسان تھے۔ ایسی باتیں تو پرانے وقتوں کی معلوم ہوتی ہیں۔ مگر نظیرؔ صاحب تو ہمارے ہی عہد کے انسان تھے۔ اچھّے تھے نیک تھے۔ اسی لیے تو اللہ نے

انہیں بہت جلد بلالیا۔

نظیرؔ صاحب کی شاعری کا آغاز طالب علمی کے زمانے سے ہی ہو چکا تھا۔ کلام پر اصلاح آذرؔ سیمابی سے حاصل کی۔ شاعری ان کے مزاج اور مذاق میں رچی بسی تھی۔ انھوں نے نعت، منقبت، رباعی، قطعہ، نظم اور غزل سبھی اصناف سخن میں طبع آزمائی کی ہے لیکن غزل کا خاص میدان تھا۔ زندگی میں اپنے کلام کا مجموعہ "عکسِ احساسات" کے عنوان سے ترتیب دیا تھا افسوس کہ اب تک شرمندۂ طباعت نہ ہو سکا۔

نظیر صاحب شاعری میں روایات کے پاسدار تھے لیکن شاعری میں مضامین کا تنوّع اور اظہار خیال میں جدّت کا رجحان پایا جاتا تھا۔ ان کی شاعری کا مطالعہ کرتے ہوئے پہلا تاثر یہی ہوتا ہے کہ وہ آسان و سہل انداز میں ایسے اشعار کہنا جانتے تھے جس کو سن کر سامع سر دھنتا ہے اور جو سنتے ہی دل میں اتر جانے کی صلاحیت رکھتے ہیں۔

جمالیاتی احساس ان کی غزلوں کا خاصّہ ہے۔ اس کے اظہار کے لیے انھوں نے کہیں بھی معیار سے سمجھوتا نہیں کیا۔

مجروحؔ سلطان پوری نے ان کی شاعری پر تبصرہ کچھ یوں کیا ہے:

"نظیرؔ صاحب غزل کو عشق و محبت کے دائرہ سے باہر ذرا کم ہی پسند کرتے ہیں۔ غزل کے مزاج داں ہیں جبھی تو بات ندرت و ذہانت کی آمیزش کے ساتھ ساتھ پورے طور پر غزل کے رنگ و آہنگ میں ڈوبی ہوئی کہتے ہیں۔"

مجروحؔ صاحب نے یہ رائے ۲۱ / مارچ ۱۹۸۲ء کو نظیرؔ صاحب کے مجموعہ کلام کے مسودے پر دی تھی۔ کیسا جچا تلا تبصرہ ہے نظیرؔ صاحب کی شاعری پر اس کے بعد مزید کچھ کہنا محض بات کو الفاظ بدل کر دہرانا ہی ہو گا۔

نظیر احمد نظیرؔ فطری شاعر تھے۔ شاعری ان کا اوڑھنا بچھونا تھی۔ شب و روز

شاعروں کی صحبت میں گزرتے تھے۔ ان کا گھر اردو شاعری کا آماجگاہ معلوم ہوتا۔ کیا مقامی شعراء اور کیا بیرونی شعراء اکثر نظیرؔ صاحب کے دستر خوان کے خوشہ چیں ہوتے۔ مجروحؔ سلطان پوری، شعریؔ بھوپالی اور کاملؔ بہزادی کا اکثر آنا جانا رہتا۔ ان کے صاحبزادے بشر نظیف کا کہنا ہے کہ ابّو کے انتقال کے بعد ان کے شاعر دوستوں نے آج تک پلٹ کر نہیں دیکھا کہ ان کے مرحوم دوست کے بچے کس حال میں ہیں۔

"عکس احساسات" میں سے کچھ متفرق اشعار پیش ہیں جس سے نظیرؔ صاحب کی شاعری کے مزاج اور اسلوب کا اندازہ ہوگا:

غم سے پائی اگر ذرا بھی نجات
آپ فوراً ہی یاد آئے ہیں

حشر کے طالبو! مبارک ہو
مدتوں میں وہ مسکرائے ہیں

یہ عالمِ شباب یہ دل کی تباہیاں
ایسا بہار میں نہ کوئی آشیاں لُٹے

رُخ پریشاں آنکھ میں ہیں سرخ ڈورے کس لیے
رات بھر شاید تصوّر میں تمھارے ہم رہے

تمھاری یاد بھی شاید اس مقصد سے آتی ہے
اگر تھوڑا سا باقی ہو تو مٹ جائے سکوں وہ بھی

اس قدر باغباں کی نگہبانیاں
گل ترسنے لگے ناز و انداز کو

نظیرؔ اگر ہوں لاکھ غم زباں سے اف نہ کیجیے

اسی بس ایک بات پر وفا کا انحصار ہے
اُدھر ہے ظلم و بے رخی ادھر ہے ضبط و انکسار
وہ حسن کا شعار ہے یہ عشق کا وقار ہے
کیا مری سانس کی آس باقی نہیں
دیکھتا ہوں فسردہ میں دمساز کو
نظیرؔ آج بساطِ جہاں سے اٹھا ہے
ہر ایک بزم میں رنج و الم کی بات چلی

آخر میں ہم دعا کرتے ہیں کہ اللہ تعالیٰ نظیر احمد نظیرؔ کو کروٹ کروٹ جنّت سے نوازے اور ان کے خوابوں کو شرمندۂ تعبیر کردے، آمین!

* * *

اہل قلم خواتین کی طرف سے نسائی شاعری کا جائزہ

نسائی شاعری کی تنقید

مرتبہ : زرقا مفتی

بین الاقوامی ایڈیشن منظر عام پر آچکا ہے